Bryn Mawr Latin Commentaries

Plautus
Captivi

Gail Smith

Thomas Library
Bryn Mawr College

The Bryn Mawr Latin Commentaries are supported by a generous grant from the Division of Education Programs of the National Endowment for the Humanities

Copyright ©1993 by Bryn Mawr College

Manufactured in the United States of America

ISBN-0-929524-50-0

Printed and distributed by:
Bryn Mawr Commentaries
Thomas Library
Bryn Mawr College
101 North Merion Avenue
Bryn Mawr, PA 19010

Bryn Mawr Latin Commentaries

Editors

Julia Haig Gaisser　　　　James J. O'Donnell

Bryn Mawr College　　　*University of Pennsylvania*

The purpose of the Bryn Mawr Latin Commentaries is to make a wide range of classical and post-classical authors accessible to the intermediate student. Each commentary provides the minimum grammatical and lexical information necessary for a first reading of the text.

Preface

The *Captivi*, adapted by Titus Maccius Plautus (c. 254-184 B.C.) from an unknown Greek original, is a *fabula palliata* (Roman comedy with a Greek setting and characters wearing the Greek dress, or *pallium*). *Fabulae palliatae* were written to be performed at one of the annual state festivals in Rome, such as the *ludi Romani*, which were held in September in honor of Jupiter; *ludi plebii*, also in honor of Jupiter, which were presented in November; *ludi Megalenses*, given in April for Cybele, the *Magna Mater*, and *ludi Apollinares*, held in July in Apollo's honor. Spectators at such public occasions included the general population—men, women, children, magistrates, harlots, and slaves.

During the time of Plautus *fabulae palliatae* were performed on temporary wooden stages, and the spectators probably occupied wooden seats. According to the convention of staging, the exit to the right of the spectators led to the forum and the exit to their left, to the harbor. Painted scenery in the background and facing the spectators represented the front of one or more houses, according to the requirements of a particular play.

All of the actors were men, who assumed female as well as male roles. Individual characters might be distinguished by their dress: for example, slaves usually wore a red wig and a dark tunic; old men, a white or gray wig and a white *pallium* or cloak over a tunic; youths, a black wig and red or purple dress; parasites wore gray or black. The names of the characters frequently derive from Greek words and provide, in many instances, a comical or ironic commentary on the characters themselves. In the *Captivi*, for example, Ergasilus (*ergazomai*, I work) is Mr. Industrious, Hegio (*hegeomai*, I rule) is the Leading Citizen, Philocrates (*phileo*, I love, and *kratos*, power) is a Lover of Power, and Philopolemus (*phileo* and *polemos*, war) is a Lover of War.

The language of Plautus, exuberant, witty, and inventive, is based on that of everyday life and reflects a stage in the development of the Latin language known as the archaic period (240-81 B.C.). Linguistic differences between the early Latin of Plautus as seen in the *Captivi* and the classical Latin of Cicero are pointed out in the commentary.

I wish to thank Floyd L. Moreland for allowing me to work from an earlier draft of these notes made for a course at the Latin and Greek Institute. I would also like to express my appreciation to the editors of the series, Julia Haig Gaisser and James J. O'Donnell, for their important suggestions which have aided in the improvement of these notes for classroom use and for the superb care that they have taken over the manuscript.

G.S.

Brooklyn, N.Y.
August 1985

Metrical Introduction

I. Quantitative meter is based on various patterns of long and short syllables. The number of syllables in each word depends on the number of vowels and diphthongs (two vowels pronounced as one—e.g., *ae*). Words are divided into syllables according to the following rules:

   1. If a vowel or diphthong is followed by a single consonant, that consonant is taken with the next syllable, and the first syllable is called *open* (e.g., *o-cu-li* has three open syllables).
   2. If the vowel or diphthong is followed by two or more consonants, division takes place between the consonants, and the syllable is *closed* (e.g., in *in-tem-pes-ti-vi* the first three syllables are closed, the last two open). The same rules apply at the end of a word, e.g.: *qui-quon-dam-stu-di-o, e-ra-t il-le* (note that the second syllable of *erat* is open). [NOTE: *x* (= *cs*) and *z* (= *dz*) count as two consonants and *qu* as one; *h* is not considered a consonant and has no power to close a syllable.]

EXCEPTIONS:
1. In early Latin (e.g., Plautus and Terence) if the first consonant is a mute (*b, p, d, t, g,* or *c*) and the second consonant is a liquid (*l* or *r*), the division is always made *before* the first consonant and the syllable is open, e.g.: *pa-tri*.
2. In early Latin final *s* and final *m* were weakly pronounced. Thus, neither *s* after a short vowel nor *m* necessarily closes a final syllable, e.g.: *detis locum loquendi* (the second and fourth syllables are open).
If a word ending with a vowel or *m* is followed by a word beginning with a vowel or *h*, the first of the adjacent syllables is suppressed (elision), e.g.: *multum ille et = mult_ill_et.* But if the second word is *es* or *est* the process is reversed (prodelision), e.g.: *illa est = illa_st, quantum est = quantum_st.*
NOTE: In early Latin elision is frequently omitted, leaving a "gap" or *hiatus* between the two words, e.g.: *eccum hic, animo aequo.*

II. A syllable is long if:
1. it contains a long vowel or diphthong.
2. it is closed.

Sigla:
  ⌣   short
  -    long
  x   anceps (short or long)

EXCEPTIONS:
1. In early Latin a monosyllable ending in a long vowel or diphthong (or long vowel or diphthong + *m*) *in hiatus* is sometimes shortened (prosodic hiatus), e.g.:

⌣ ⌣
si erus (*Captivi* 224)

Plautus, *Captivi* 3

2. In early Latin a long syllable may be shortened if:
a. it is preceded by a short syllable *and* the word accent falls on the syllable immediately preceding or following. This phenomenon is called the law of *brevis brevians* or iambic shortening. E.g.:

    ◡́ ◡
    in hac astutia (250)
[*hac*, long by nature, counts as short because it follows a short syllable which receives the word accent.]

    ◡ ◡ ́
    uel ir(e) extra (90)
[The long syllable *-i-* counts as short because it is preceded by a short and followed by an accented syllable.]

    ◡ ◡ ́
    enim uero (534)
[The syllable *-im* is closed but counted as short because it is preceded by a short and followed by an accented syllable.]
b. it is preceded by a short monosyllable or a disyllable containing a short first and elided second syllable, e.g.:

    ◡ ◡
    quid est (498)

    ◡ ◡
    pot(e) istuc (398)
3. Two contiguous vowels in adjacent syllables (i.e., not a diphthong) may be treated as a single long syllable (*synizesis*). In Plautus this is common in forms of *meus, tuus, suus, is, idem, deus*; in *huius, illius, quoius* (= *cuius*), perfect forms of *sum* (e.g., *fuistis*), *rei, dies*.

    The last syllable in a verse may be either long or short, but by convention is usually counted and marked as long.

III. Plautus uses the following metrical patterns (or "feet"):

Iamb	◡ –
Trochee	– ◡
Anapest	◡ ◡ –
Dactyl	– ◡ ◡
Spondee	– –
Ionic a maiore	– – ◡ ◡
Ionic a minore	◡ ◡ – –
Choriamb	– ◡ ◡ –
Bacchiac	◡ – –
Tribrach	◡ ◡ ◡
Proceleusmatic	◡ ◡ ◡ ◡
Cretic	– ◡ –

Molossus	- - -
First Paeon	- ᴗ ᴗ ᴗ
Fourth Paeon	ᴗ ᴗ ᴗ -

NOTE:
1. Since a long syllable is regarded as the equivalent of two shorts, substitutions are allowed in some meters (e.g., for an anapest [ᴗ ᴗ -] Plautus may substitute a dactyl [- ᴗ ᴗ], a spondee [- -], or a proceleusmatic [ᴗ ᴗ ᴗ ᴗ]. In other cases allowable substitutions are not necessarily "equivalent"; e.g., an iamb [ᴗ -] may be replaced with a spondee, dactyl, anapest, tribrach [ᴗ ᴗ ᴗ] or proceleusmatic.
2. In spoken or sung verse iambs and trochees are measured in feet (thus a line of six iambs is called iambic senarius). Other rhythms are measured in *metra*, which may consist of one foot (cretics, bacchiacs) or two (anapests).

IV. In some meters word break occurs regularly at fixed points in the verse. Word division coinciding with a break between feet or metra is called a *diaeresis* (‖); a division not coinciding with a metrical break between feet is called a *caesura* (∧). The line-segments between caesurae or diaereseis are called *cola* ("limbs").

Plautine comedy is composed of *diverbia* (spoken verse dialogue without musical accompaniment) and *cantica* (songs recited or sung with musical accompaniment). Discussion of individual meters is given in the commentary.

For a general survey of Latin metrics, see T. G. Rosenmeyer, Martin Ostwald, and James Halporn, *The Meters of Greek and Latin Poetry*, 2nd ed., (Norman: University of Oklahoma Press, 1980).

For the meters of comedy, see also D. S. Raven, *Latin Metre: An Introduction* (London, 1965).

Bibliography

The Latin text printed below is that of W. M. Lindsay (Oxford, 1910), reprinted by permission of Oxford University Press.
The following standard sources provide valuable information on Roman comedy and the history of the Latin language.

W. Beare, *The Roman Stage* (London, 1950).
George E. Duckworth, *The Nature of Roman Comedy* (Princeton, 1952).
L. R. Palmer, *The Latin Language* (London, 1954).

Selected interpretative studies:

D. Konstan, *Roman Comedy* (Ithaca, 1983).
E. W. Leach, "Ergasilus and the Ironies of the *Captivi*," *Classica et Mediaevalia* 30 (1969) 263-296.
G. van N. Viljoen, "The Plot of the *Captivi* of Plautus," *Acta Classica* 6 (1963) 38-63.

Commentaries:

Herbert C. Elmer, *T. Macci Plauti Captiui* (Boston, 1900).
W. M. Lindsay, *The Captivi of Plautus* (London, 1900); full critical edition with commentary. References to Lindsay in the notes below are to this edition.
_____*T. Macci Plauti Captiui* (Oxford, 1930); school-text with shorter commentary.

CAPTIVI

ARGVMENTVM

Captust in pugna Hegionis filius;
Alium quadrimum fugiens servus vendidit.
Pater captivos commercatur Aleos,
Tantum studens ut natum ⟨captum⟩ recuperet;
Et inibi emit olim amissum filium.   5
Is suo cum domino veste versa ac nomine
Vt amittatur fecit : ipsus plectitur;
Et is reduxit captum, et fugitivum simul,
Indicio cuius alium agnoscit filium.

    4 captum *add. Bothe*   5 in ibus *Gulielmius*

PERSONAE

Ergasilvs Parasitvs
Hegio Senex
Lorarivs
Philocrates Advlescens ⎱ Captivi
Tyndarvs Servvs   ⎰
Aristophontes Advlescens
Pver
Philopolemvs Advlescens
Stalagmvs Servvs

    Scaena in AETOLIA

PROLOGVS

Hos quos uidetis stare hic captiuos duos,
illi quia astant, hi stant ambo, non sedent;
hoc uos mihi testes estis me uerum loqui.
senex qui hic habitat Hegio est huiius pater.
5 sed is quo pacto seruiat suo síbi patri,
id ego hic apud uos proloquar, si operam datis.
seni huic fuerunt filii nati duo;
alterum quadrimum puerum seruos surpuit
eumque hinc profugiens uendidit in Alide
10 patri | huiiusce. iam hoc tenetis? optumest.
negat hercle illic ultumus. accedito.
si non ubi sedeas locus est, est ubi ambules,
quando histrionem cogis mendicarier.
ego me tua caussa, ne erres, non rupturu' sum.
15 uos qui potestis ope uostra censerier
accipite relicuom : alieno uti nil moror.
fugitiuos ille, ut dixeram ante, huiius patri
domo quém profugiens dominum apstulerat uendidit.
is postquam hunc emit, dedit eum huic gnato suo
20 peculiarem, quia quasi una aetas erat.
hic nunc domi séruit suo patri, nec scit pater;
enim uero di nos quasi pilas homines habent.
rationem habetis, quo modo unum amiserit.
postquam belligerant Aetoli cum | Aleis,

2 qui astant *cod.*   hi] *vel* i   10 huïusce *vix ferendum : fort.*
huiiusce hominis (iii, p. 51)   optumum est *cod.* (*ut Stich.* 537 optumum
est *pro* optumest, 120 minimum est *pro* minimest) (*cf. ad Bacch.* 502)
11 abscedito *Rost*   18 profugens P^BD (*et fort. cod.*) (vi, p. 86)
19 is *Fleckeisen* : hic *cod* (*pro* his, *i.e.* is ?)   22 enim *Pylades* : est
cod.   24 alidis *cod.* (*etiam* P^A) (*cf. vv.* 59, 93)

25 ut fit in bello, capitur alter filius.
medicus Menarchus emit ibidem in Alide.
coepit captiuos commercari hic Aleos,
si quem reperire posset qui mutet suom,
illum captiuom : hunc suom esse nescit qui domist.
30 et quoniam heri indaudiuit de summo loco
summoque genere captum esse equitem | Aleum,
nil pretio parsit, filio dum parceret :
reconciliare ut facilius posset domum,
emit hosc' de praeda ambos de quaestoribus.
35 hisce autem inter sese hunc confinxerunt dolum,
quo pacto hic seruos suom erum hinc amittat domum.
itaque inter se commutant uestem et nomina ;
illic uocatur Philocrates, hic Tyndarus :
huius illic, hic illius hodie fert imaginem.
40 et hic hodie expediet hanc docte fallaciam,
et suom erum faciet libertatis compotem,
eodemque pacto fratrem seruabit suom
reducemque faciet liberum in patriam ad patrem
inprudens : itidem ut saepe iam in multis locis
45 plus insciens quis fecit quam prudens boni.
sed inscientes sua sibi fallacia
ita compararunt et confinxerunt dolum
itaque hi commenti de sua sententia
ut in séruitute hic ad suom maneat patrem :
50 ita nunc ignorans suo sibi seruit patri ;
homunculi quanti sunt, quom recogito !
haec res agetur nobis, uobis fabula.
sed etiam est paucis uos quod monitos uoluerim.
profecto expediet fabulae huic operam dare :

28 possit *Reiz* qui *Pareus*: cum quo *cod.* (v. 2) (*cf. v.* 101)
30 inde audiuit *cod.* (i. 7)   31 *fort.* captiuom (*cf. Epid.* 564
captiuam *pro* captam *B*)   34 e pr. (?) *Studemund*   42 seruauit *cod.*

CAPTIVI

55 non pertractate facta est neque item ut ceterae :
neque spurcidici insunt uorsus inmemorabiles ;
hic neque peiiurus leno est nec meretrix mala
neque miles gloriosus ; ne uereamini
quia bellum Aetolis esse dixi cum Aleis :
60 foris illi extra scaenam fient proelia.
nam hoc paene iniquomst, comico choragio
conari desubito agere nos tragoediam.
proin si quis pugnam exspectat, litis contrahat :
ualentiorem nactus aduorsarium
65 si erit, ego faciam ut pugnam inspectet non bonam,
adeo ut spectare postea omnis oderit.
abeo.   ualete, iudices iustissumi
domi, duellique duellatores optumi.

ACTVS I

ERGASILVS

ER. Iuuentus nomen indidit 'Scorto' mihi,
70 eo quía inuocatus soleo esse in conuiuio.
scio apsúrde dictum hoc derisores dicere,
at ego aio recte. nam scortum in conuiuio
sibi amator, talos quom iacit, scortum inuocat.
estne inuocatum ⟨scortum⟩ an non ? planissume ;
75 uerum hercle uero nos parasiti planius,
quos numquam quisquam neque uocat neque inuocat.
quasi mures semper edimus alienum cibum ;
ubi res prolatae sunt, quom rus homines eunt,
simul prolatae res sunt nostris dentibus.
80 quasi, quom caletur, cocleae in occulto latent,

59 alidis *cod.* (*cf. v.* 24)   60 illic *cod.*   62 nos agere *cod.* :
trai. *Bothe*   72 aio *ita script. ut* clio (*BD*) *vel* dio (*P*E) *videretur*
esse *in cod.* (*cf. v.* 694) (vi, p. 84)   74 ⟨scortum⟩ an non *Bentley* :
an non ⟨est? est⟩ *Camerarius*   75 uero] uerum *cod.*

suo sibi suco uiuont, ros si non cadit,
item parasiti rebus prolatis latent
15 in occúlto miseri, uictitant suco suo,
dum ruri rurant homines quos ligurriant.
prolatis rebus parasiti uenatici   85
[canes] sumus, quando res redierunt, Molossici
odiossicique et multum incommodestici.
20 et hic quidem hercle, nisi qui colaphos perpeti
potes parasitus frangique aulas in caput,
uel ire extra portam Trigeminam ad saccum licet.   90
quod mihi ne eueniat non nullum periculum est.
nam postquam meu' rex est potitus hostium—
25 ita nunc belligerant Aetoli cum | Aleis ;
nam Aetolia haec est, illi est captus [in] Alide
Philopolemus, huius Hegionis filius   95
senis qui hic habitat, quae aedes lamentariae
mihi sunt, quas quotiensquomque conspicio fleo ;
30 nunc hic occepit quaestum hunc fili gratia
inhonestum et maxume alienum ingenio suo :
homines captiuos commercatur, si queat   100
aliquem inuenire, suum qui mutet filium.
quod quidem ego nimis quam †cupio ut impetret†;
35 nam ní illum recipit, nihil est quo me recipiam.
†nulla est spes iuuentutis†, sese omnes amant ;
ill' demum antiquis est adulescens moribus,   105
quoius numquam uoltum tranquillaui gratiis.

86 canes *del. Pylades* (iv, p. 61)   red. ⟨sumus⟩ *Birt* : red. canes
Niemeyer (*cf. supra*) : rediere tum *Schoell*   89 potis *Camerarius,
fort. recte*   90 uel extra .. ilicet *Bothe, cui* uel ire *displicet*   92
Nunc *Karsten* (*Mnemos.* 21, 289)   93 alidis *cod.* (*cf. v.* 24)   94
illic *cod.* (*i. e.* -ic?)   in *del. Brix*   101 mutet *Scioppius* : cum
mutet *cod.* (*ex glossa* quocum *supra* qui *scripta* ; *cf. v.* 28)   102 7
post 125 hab. *cod.* (*prius om. propter homoeotel.* -ium ; ii. 6, p. 103) :
hic reposuit Acidalius   102 cupio ⟨fieri⟩ *Schoell, nam* c. ut i. *vix
Plautinum*   imperet *cod.*   103 *verbis* ni illum *melius resonat*
nihilum   104 n. i. e. sp. *Bothe*   *fort.* non ulla (vii, p. 99)

CAPTIVI   I. i

condigne pater est eius moratus moribus.
nunc ad eum pergam. sed aperitur ostium,   40
und' saturitate saepe ego exii ebrius.

Hegio   Lorarivs   Ergasilvs   ii

110 He. Aduorte animum sis : tú istos captiuos duos,
heri quós emi de praeda de quaestoribus,
is indito catenas singularias
istas, maiores, quibu' sunt iuncti, demito;
sinito ambulare, si foris, si intus uolent,   5
115 sed uti adseruentur magna diligentia.
liber captiuos aui' ferae consimilis est:
semel fugiendi si data est occasio,
satis est, numquam postilla possis prendere.
Lo. omnes profecto liberi lubentius   10
120 sumu' quam seruimus. He. non uidere ita tu quidem.
Lo. si non est quod dem, mene uis dem ipse—in pedes?
He. si dederis, erit extemplo mihi quod dem tibi.
Lo. aui' me ferae consimilem faciam, ut praedicas.
He. ita ut dícis : nam si faxis, te in caueam dabo.   15
125 sed sati' uerborumst.   cura quae iussi atque abi.
ego ibo ad fratrem ad alios captiuos meos,
uisam ne nocte hac quippiam turbauerint.
ind' me continuo recipiam rusum domum.
Er. aegre est mi hunc facere quaestum carcerarium   20
130 propter sui gnati miseriam miserum senem.
sed si ullo pacto ille huc conciliari potest,
uel carnuficinam hunc facere possum perpeti.
He. quis hic lóquitur? Er. ego, qui tuo maerore maceror,
macesco, consenesco et tabesco miser ;   25

111 a quaest. *Fleckeisen*   112 his *cod.*   113 iuncti *an*
uincti *incert. cod.* (v. 12)   121 men u. d. ipsus *Schrader*   123
praedicas *codd. Servii ad Aen.* 10, 559 : predicisti *cod.* (*pro* prediċ., *i. e.*
praedicas? vii, p. 106)   125 *cf. ad* 102–7   127 quipiam *cod.*

ossa atque pellis sum misera—macritudine; 135
neque umquam quicquam me iuuat quod edo domi:
foris aliquantillum etiam quod gusto id beat.
HE. Ergasile, salue.   ER. di te bene ament, Hegio.
30 HE. ne flé. ER. egone illum non fleam? egon non defleam
talem adulescentem? HE. semper sensi filio 140
meo te esse amicum et illum intellexi tibi.
ER. tum denique homines nostra intellegimus bona,
quom quae in potestate habuimus ea amisimus.
35 ego, postquam gnatus tuo' potitust hostium,
expertus quanti fuerit nunc desidero. 145
HE. alienus quom eius incommodum tam aegre feras,
quid me patrem par facerest, quoi ille est unicus?
ER. alienus? ego alienus illi? aha, Hegio,
40 numquam istuc dixis neque animum induxis tuom;
tibi ille únicust, mi etiam unico magis unicus. 150
HE. laudo, malum quom amici tuom ducis malum.
nunc habe bonum animum. ER. éheu, huic illud dolet,—
quia nunc remissus est edendi exercitus.
45 HE. nullumne interea nactu's, qui posset tibi
remissum quem dixti imperare exercitum? 155
ER. quid credis? fugitant omnes hanc prouinciam,
quoi optigerat postquam captust Philopolemus tuos.
HE. non pol mirandum est fugitare hanc prouinciam.
50 multis et multigeneribus opus est tibi
militibus: primumdum opus est Pistorensibus; 160
eorum sunt aliquot genera Pistorensium:
opu' Panicis est, opu' Placentinis quoque;
opu' Turdetanis, opust Ficedulensibus;
55 iam maritumi omnes milites opu' sunt tibi.
ER. ut saepe summa ingenia in occulto latent! 165

135 miser *codd. Nonii* 136   148 illi *Bothe*: ille *cod.*   150 *vix*
únicust (*vel* uncust), mihi   155 dixit *cod.* (ii. 7)   157 quoi
Camerarius: quod *cod.*   162 paniceis *cod.*   163 *vix* opus est
Ficellensibus (·elic-)

## CAPTIVI	I. ii

hic qualis imperator nunc priuatus est.
HE. habe módo bonum animum, nam illum confido
domum
in his diebus me reconciliassere.
nam eccum hic captiuom adulescentem Aleum,　　60
170 prognatum genere summo et summis ditiis :
hoc illum me mutare—⟨ER.⟩ confido fore.
[ER.] ita di deaeque faxint. sed num quo foras
uocatus ⟨es⟩ ad cenam? HE. nusquam, quod sciam.
sed quid tu id quaeris? ER. quia mi est natalis dies;　　65
175 propterea ⟨a⟩ te uocari ad te ad cenam uolo.
HE. facete dictum! sed si pauxillum potes
contentus esse. ER. ne perpauxillum modo,
nam istoc me adsiduo uictu delecto domi;
age sis, roga emptum : 'nisi qui meliorem adferet　　70
180 quae mihi atque amicis placeat condicio magis,'
quasi fundum uendam, meis me addicam legibus.
HE. profundum uendis tu quidem, hau fundum, mihi.
sed si uenturu's, temperi. ER. em, uel iam otium est.
HE. i modo, uenare leporem : nunc irim tenes;　　75
185 nam meu' scruposam uictus commetat uiam.
ER. numquam istoc uinces me, Hegio, ne postules :
cum calceatis dentibus ueniam tamen.
HE. asper meu' uictus sane est. ER. sentisne essitas?
HE. terrestris cena est. ER. sus terrestris bestia est.　　80
190 HE. multis holeribus. ER. curato aegrotos domi.
numquid uis? HE. uenias temperi. ER. memorem
mones.—
HE. ibo intro atque intus subducam ratiunculam,

169 *fort.* ⟨alium⟩ A., *nam hiatus* nam | eccum | hic *displicent*
171 ER. *hic posui*　　fore] pote *Mueller*　　172 deque (*pro* deeque)
cod.　　173 es *add. Ital.*　　175 a *add. Schoell*　　ad te ad cenam
Schoell: ad te nam *corr. ex* ad te ad te nam *cod. ut vid.*　　176 pauxillo
'*libri veteres plerique*' *Lambini*　　177 contemptus *cod.*　　179
aie *cod.*　　185 non *cod.* (? *pro* n̄ ; vii. 2)

I. ii   T. MACCI PLAVTI

quantillum argenti mi apud tarpezitam siet.
85 ad fratrem, quo ire dixeram, mox iuero.—

ACTVS II

II. i   Lorarii   Tyndarvs
                    Philocrates

Lo. Si di inmortales id uoluerunt, uos hanc aerumnam 195
                                                   exsequi,
decet id pati animo aequo : si id facietis, leuior labos erit.
domi fuistis, credo, liberi :
nunc seruitus si euenit, ei uos morigerari mos bonust
5 et erili imperio eamque ingeniis uostris lenem reddere.
indigna digna habenda sunt, erus quae facit. Ca. oh! 200
                                             oh! oh!
Lo. eiulatione haud opus est, [multa] oculis multa mira
                                             †clitis† :
in re mala animo si bono utare, adiuuat.
Ty. at nos pudet, quia cum catenis sumus. Lo. at pigeat
                                                   postea
10   nostrum erum, si uos eximat uinclis,
      aut solutos sinat quos argento emerit.   205
Ty. quid a nóbis metuit? scimu' nos
nostrum officium quod est, si solutos sinat.   206ᵃ
Lo. at fugam fingitis : sentio quam rem agitis.
15 Philoc. nos fugiamus? quo fugiamus? Lo. in patriam.
              Philoc. apage, hau nos id deceat,
      fugitiuos imitari. Lo. immo edepol, si erit occasio, hau
                                                   dehortor.

199 eamque et erili imperio *cod.* : *corr. Nettleship*   201 *fort.*
multa oc. (*abl.*) muti   *fort.* aitis (*cf. v.* 72)   204 si suos . . . uin-
culis (*ita cod.*) *Spengel, ut tetram. cretic. fiat*   205 sinat *Ital.* : sinat-
[que] *cod.* (iv. 5, p. 61)   207 agis *Hermann, ut tetram. cretic. fiat*

CAPTIVI II. i

210
211 Ty. unum exorare uos sinite nos. Lo. quidnam id est?
Ty. ut sine hisce arbitris
atque uobis nobis detis locum loquendi.
213
214 Lo. fiat. apscedite hinc: nos concedamus huc. sed
breuem orationem incipisse.
215 Ty. ém istuc mihi certum erat. concede huc. Lo. [ab] 20
ite ab istís. Ty. obnoxii ambo
uobis sumu'propter hanc rem, quomquae uolumu' nos
copia est; ea facitis nos compotes.
Philoc. secede huc nunciam, si uidetur, procul,
220 ne arbitri dicta nostra arbitrari queant
neu permanet palam haec nostra fallacia. 25
nam doli non doli sunt, ni⟨si⟩ astu colas,
sed malum maxumum, si id palam prouenit.
nam sí erus míhi es tú atque ego me tuom esse seruom
adsimulo,
225 tamen uíso opust, cauto est opus, ut hoc sóbrie sineque
arbitris
accurate agatur, docte et diligenter; 30
tanta incepta res est: hau somniculose hoc
agendum est. Ty. ero ut me uoles esse. Philoc. spero.
Ty. nam tu nunc uides pro tuo caro capite
230 carum offerre ⟨me⟩ meum caput uilitati.
Philoc. scio. Ty. at scire memento, quando id quod 35
uoles habebis;
nam fere maxuma pars morem hunc homines habent: quod
sibi uolunt,
dum id impetrant, boni sunt;
sed id ubi iam penes sése habent,
235 ex bonis pessumi et fraudulentissumi
fiunt. Philoc. nunc ut mihi te uolo esse autumo. 40

215 ite scripsi (cf. ad Amph. 32)   224 tu mihi es *Hermann*
226 [hoc] agatur cod.: corr. *Guietus*   230 me add. *Bentley* vel
Vilitati (*quasi deae*)   231 memento scire *Fleckeisen, ut iamb.*
septenarius fiat   236 fiunt *Hermann*: sunt cod. (s *pro* f)

II. i   T. MACCI PLAVTI

quod tibi suadeam, suadeam meo patri.
pol ego si te audeam, meum patrem nominem :
nam secundum patrem tu's pater proxumus.
Ty. audio. Philoc. et propterea saepius te uti memineris   240
moneo :
45 non ego erus tibi, sed seruos sum ; nunc opsecro te hoc
unum—
quoniam nobis di inmortales animum ostenderunt suom,
ut qui erum me tibi fuisse atque esse nunc conseruom uelint,
quod antehac pro iure imperitabam meo, nunc te oro per
precem —
per fortunam incertam et per mei te erga bonitatem patris,   245
50 perqu' conseruitium commune, quod hóstica euenit manu,
ne me secus honore honestes quam quom seruibas mihi,
atque ut qui fueris et qui nunc sis meminisse ut memineris.
Ty. scio equidem me te esse nunc et te esse me. Philoc.
ém istuc si potes.
memoriter meminisse, inest spes nobis in hac astutia.   250

ii   Hegio   Philocrates   Tyndarvs

He. Iam ego reuortar intro, si ex his quae uolo exquisiuero.—
ubi sunt isti quos ante aedis iussi huc produci foras ?
Philoc. edepol tibi ne in quaestione essemus cautum intellego,
ita uinclis custodiisque circummoeniti sumus.
5 He. qui cauet ne decipiatur uix cauet quom etiam cauet ;   255
etiam quom cauisse ratus est saepe is cautor captus est.
an uero non iusta caussa est ut uos seruem sedulo,
quos tam grandi sim mercatus praesenti pecunia ?
Philoc. neque pol tibi nos, quia nos seruas, aequomst uitio
uortere,

237 suadeo suadeam *Camerarius*   240 *vel* ted ut (ut *cod.*)   243 nunc *del.* Buthe, *cui* esse nūnc (*vel* ess' nunc) *displicet*   244 quom *Fleckeisen, fort. recte*   249 equidem *Luchs* (*Herm.* 6, 277): quidem *cod.*   253 cautum intellego *Hegioni dat* B³ (*cf. Journ. Phil.* 26, 289)   259 aequomst uitio *Camerarius*: equom stulcio *cod.*

CAPTIVI II. ii

260 neque te nobis, sí abeamus hinc, si fuat occasio. 10
HE. ut uos hic, itidem illi apud uos meu' seruatur filius.
PHILOC. captus est? HE. ita. PHILOC. non igitur nos
        soli ignaui fuimus.
HE. secede huc. nam sunt ex te quae solo scitari uolo.
quarum rerum te falsiloquom mi esse nolo. PHILOC. non ero
265 quod sciam. si quid nesciui, id nescium tradam tibi. 15
TY. nunc senex est in tostrina, nunciam cúltros adtinet.
ne id quidem, inuolucre inicere, uoluit, uestem ut ne inquinet.
sed utrum strictimne attonsurum dicam esse an per pectinem
nescio ; uerum, si frugist, usque admutilabit probe.
270 HE. quid tu? seruosne esse an liber mauelis, memora mihi. 20
PHILOC. proxumum quod sit bono quodque a malo longis-
        sume,
id uolo ; quamquam non multum fuit molesta seruitus,
nec mihi secus erat quam si essem familiaris filius.
TY. eugepae ! Thalem talento non emam Milesium,
275 nam ad sapientiam huiius ⟨hominis⟩ nimius nugator fuit. 25
ut facete orationem ad seruitutem contulit !
HE. quo de genere natust illic Philocrates ? PHILOC. Poly-
        plusio :
quod genus illi est unum pollens atque honoratissumum.
HE. quid ipsus hic ? quo honore est illic ? PHILOC. summo,
        atque ab summis uiris.
280 HE. tum igitur ei quom †in Aleis tanta† gratia est, ut prae- 30
        dicas,
quid diuitiae, suntne opimae ? PHILOC. unde excoquat
        sebum senex.

263 quae ex te *cod.* : *trai. Camerarius* (p. 115)   265 nescibo
Acidalius   266 cultro os *Scyffert*   269 admutilalabit *cod.*
274 euge petalem (*unde* euge potalem *P*E) *cod.*   tanlento (*corr. P*E)
cod.   275 hominis *add. Niemeyer* (iii, p. 51) : ⟨nimiam⟩ *Schoell*
279 *vel* illi   280 *del. Ussing*   in A. tam *Niemeyer, metro consulens* :
in illis tanta *Brix*   *vix* tanta g. in Aleïs   281 opimae *Camerarius* :
optume *cod.* (v. 12)

HE. quid pater? uiuitne? PHILOC. uiuom, quom inde abimus, liquimus;
nunc uiuatne necne, id Orcum scire oportet scilicet.
TY. salua res est, philosophatur quoque iam, non mendax modo est.
35 HE. quid erat ei nomen? PHILOC. Thensaurochrysonico- chrysides.
HE. uidelicet propter diuitias inditum id nomen quasi est.
PHILOC. immo edepol propter auaritiam ipsius atque audaciam.
nam illi quidem Theodoromedes fuit germano nomine.
HE. quid tu ais? tenaxne pater est eius? PHILOC. immo edepol pertenax;
40 quin etiam ut magi' noscas : Genio suo ubi quando sacrufical,
ad rem diuinam quibus est opu', Samiis uasis utitur,
ne ipse Genius surrupiat : proinde aliis ut credat uide.
HE. sequere hac me igitur. eadem ego ex hoc quae uolo exquaesiuero.
Philocrates, hic fecit hominem frugi ut facere oportuit.
45 nám ego ex hoc quo genere gnatus sis scio, hic fassust mihi;
haec tu eadem si confiteri uis, tua re feceris :
quae tamen scio scíre me ex hoc. TY. fecit officium hic suom,
quom tibi est confessus uerum, quamquam uolui sedulo
meam nobilitatem occultare et genus et diuitias meas,
50 Hegio; nunc quando patriam et libertatem perdidi,
non ego istúnc me potius quam te metuere aequom censeo.
uis hostilis cum istoc fecit meas opes aequabilis;
memini, quom dicto haud audebat : facto nunc laedat licet.

285
290
295
300

283 uiuatne *Bothe* : uiuat *cod.*   285 quid *Brix, secundum morem Plautinum* : quod *cod.*   288 *del. Bothe* ; *sed Phil. secum (vel Tyndarus) loquitur vel* illic   289 pertinax *cod.*   290 *vel* mage   291 opus est *Ital.*   296 ⟨ex⟩ tua *Studemund*   297 scio *suspectum* : scito V^2 : *fort.* sci   298 quamquam *Camerarius* : quam *cod.*

CAPTIVI II. ii

sed uiden? fortuna humana fingit artatque ut lubet:
305 me qui liber fueram seruom fecit, e summo infumum; 55
qui imperare insueram, nunc alterius imperio opsequor.
et quidem si, proinde ut ipse fui imperator familiae,
habeam dominum, non uetear ne iniuste aut grauiter mi
imperet.
Hegio, hoc te monitum, nisi forte ipse non uis, uolueram.
310 HE. loquere audacter. TY. tam ego fui ante liber quam 60
gnatus tuos,
tam mihi quam illi libertatem hostilis eripuit manus,
tam ille apud nos seruit quam ego nunc hic apud te seruio.
est profecto deu', qui quae nos gerimus auditque et uidet:
is, uti tu me hic habueris, proinde illum illic curauerit;
315 bene merenti bene profuerit, male merenti par erit. 65
quam tu filium tuom tam pater me meu' desiderat.
HE. memini ego istuc.   sed faterin eadem quae hic fassust
mihi?
TY. ego patri meo esse fateor summas diuitias domi
meque summo genere gnatum.   sed te optestor, Hegio,
320 ne tuom animum auariorem faxint diuitiae meae: 70
ne patri, tam etsi unicu' sum, decere uideatur magis,
me saturum seruire apud te sumptu et uestitu tuo
potius quam illi, ubi minime honestumst, mendicantem uiuere.
HE. ego uirtute deum et maiorum nostrum diues sum satis.
325 non ego omnino lucrum omne esse utile homini existumo: 75
scio ego, multos iam lucrum lutulentos homines reddidit;
est etiam ubi profecto damnum praestet facere quam lucrum.
odi ego aurum: multa multis saepe suasit perperam.
nunc hoc animum aduorte, ut ea quae sentio pariter scias.
330 filiu' meus illic apud uos seruit captus Alide: 80

309 uoluerim *Brix*   317 istoc *cod.*, *antiqua forma*   321
unicus (*vix* uncus) *verb. dactyl. in tertio pede suspectum :* sum unicus
Mueller, cui patri *non displicet*   decore (*adiectiv.*) *Schoell*   324
item Aul. 166 ; *del. Ritschl*   326 luculentos P^ED 329 aduortite
cod.   330 *vel* filius m. illi

eum si reddis mihi, praeterea únum nummum ne duis,
et te et hunc amittam hinc.   alio pacto abire non potes.
Ty. optumum atque aequissumum oras optumusque homi-
                                                  num es homo.
sed is priuatam seruitutem seruit illi an publicam?
85 He. priuatam medici Menarchi. Philoc. pol isquidem 335
                                                  huiius est cluens.
tam hoc quidem tibi in procliui quam imber est quando pluit.
He. fac is homo ut redimatur. Ty. faciam. sed te id oro,
                                                  Hégio,—
He. quiduis, dum ab re ne quid ores, faciam. Ty. ausculta,
                                                  tum scies.
ego me amitti, donicum ille huc redierit, non postulo.
90 uerum te quaeso [ut] aestumatum hunc mihi des, quem 340
                                                  mittam ad patrem,
ut is homo redimatur illi. He. immo alium potius misero
hinc, ubi erunt indutiae, illuc, tuom qui conueniat patrem,
qui tua quae tu iusseris mandata ita ut uelis perferat.
Ty. at nihil est ignotum ad illum mittere : operam luseris.
95 hunc mitte, hic transactum reddet omne, si illuc uenerit.   345
nec quemquam fideliorem neque quoi plus credat potes
mittere ad eum nec qui magi' sit seruos ex sententia,
neque adeo quoi suom concredat filium hodie audacius.
ne uereare, meo periclo húius ego experiar fidem,
100 fretus ingenio eius, quod me esse scit érga sese beniuolum. 350
He. mittam equidem istunc aestumatum tua fide, si uis.
                                                  Ty. uolo ;
quam citissume potest, tam hoc cedere ad factum uolo.
He. num quae caussa est quin, si ille huc non redeat, uiginti
                                                  minas

332 *vel* ted   333 homo es *corr.* es homo *ut vid.* (c̃ homo *P*ᴱ)
335 Philoc.] Ty. *Ital.*   is] hic *cod.*   337 sed ted oro hoc *Brix*   340
te *del Brix* : ut *del. Bossche*   342 conuenit *cod.*   345 omne transactum reddet *cod.* : *trai. Guietus*   346 nequemquam *cod.*   347 nequi
cod.   vel mage   348 tuum *Ital.*   349 *vel* periculo fidem *Ital.* : uice
fidem *cod.* (iv. 3)   350 *vel* ess'   erga se *B* : sese erga *Schoell*

CAPTIVI II. ii

mihi des pro illo? Ty. óptuma immo. He. soluite istum
nunciam,
355 atque utrumque. Ty. di tibi omnes omnia optata offerant, 105
quom me tanto honore honestas quomque ex uinclis eximis.
hoc quidem hau molestumst iam, quod collus collari caret.
He. quod bonis bene fit beneficium, gratia ea grauida est
bonis.
nunc tu illum si illo es missurus, dice, demónstra, praecipe
360 quae ad patrem uis nuntiari. uin uocem huc ad te? Ty. 110
uoca.

HEGIO PHILOCRATES TYNDARVS iii

He. Quae res bene uortat mihi meoque filio
uobisque, uolt te nouos erus operam dare
tuo ueteri domino, quod is uelit, fideliter.
nam ego te aestumatum huïc dedi uíginti minis,
365 hic autem te ait mittere hinc uelle ad patrem, 5
meum út illic redimat filium, mutatio
inter me atque illum ut nostris fiat filiis.
Philoc. utroque uorsum rectumst ingenium meum,
ad ted atque illum ; pro rota me uti licet :
370 uel ego huc uel illuc uortar, quo imperabitis. 10
He. tute tibi tuopte ingenio prodes plurumum,
quom seruitutem ita fers ut ⟨eam⟩ ferri decet.
sequere. em tibi hominem. Ty. gratiám habeo tibi,
quom copiam istam mi et potestatem facis,
375 ut ego ad parentes hunc remittam nuntium, 15
qui me quid rerum hic agitem et quid fieri uelim
patri meo ordine omnem rem illuc perferat.

355 offerant *Fleckeisen* : ferant *cod.*   357 collari *Donatus (G. L.* 3. 393) *ut vid.* : collaria *cod.*   359 monstra *Camerarius*   364 te huic dedi aestumatum *Bothe* : fort. aest. huic te dedi   369 atque ad illum P^E   371 tibi *Fleckeisen* : tibi [ea] *cod. (cf. v.* 372)   372 eam *add. Schoell ex v.* 371, *nam* itā *vix Plautinum*

nunc ita conuenit inter me atque hunc, Tyndare,
ut te aestumatum in Alidem mittam ad patrem,
20 si non rebitas huc, ut uiginti minas   380
dem pro te. PHILOC. recte conuenisse sentio.
nam pater exspectat aut me aut aliquem nuntium
qui hinc ad se ueniat. TY. ergo animum aduortas uolo
quae nuntiare hinc te uolo in patriam ad patrem.
25 PHILOC. Philocrates, ut adhuc locorum feci, faciam sedulo   385
ut potissumum quod in rem recte conducat tuam,
id petam | id persequarque corde et animo atque auribus.
TY. facis ita ut te facere oportet. nunc animum aduortas
uolo :
omnium primum salutem dicito matri et patri
30 et cognatis et si quem alium beneuolentem uideris ;   390
me hic ualere et seruitutem seruire huic homini optumo,
qui me honore honestiorem semper fecit et facit.
PHILOC. istuc ne praecipias, facile memoria memini tamen.
TY. nam equidem, nisi quod custodem habeo, liberum me
esse arbitror.
35 dicito patri quo pacto mihi cum hoc conuenerit   395
de huius filio. PHILOC. quae memini, mora mera est monerier.
TY. ut eum redimat et remittat nostrum huc amborum
uicem.
PHILOC. meminero. HE. at quam primum pote : istuc in
rem utriquest maxume.
PHILOC. non tuom tu magi' uidere quam ille suom gnatum
cupit.

380 huic *Loman*   387 id petam idque persequar *Camerarius* :
fort. id petamque persequarque (vii. 1)   uiribus *J*   392 fecit
et semper *Wilamowitz*   394 equidem *Lambinus* : quidem *cod.*
(*sed* nam eq. *usitatum*)   395 cum hoc mihi *Pylades* : mihi cum
hoc ⟨nunc⟩ *Mueller* (*Rhein. Mus.* 54, 385), *uitantes hiatum* cum | hoc
398 pote *Spengel* : poteris *cod.* (i. 7)   399 *uel* mage

CAPTIVI II. iii

400 HE. meu' mihi, suo' quoique est carus. PHILOC. numquid   40
  aliud uis patri
  nuntiari ? TY. me hic ualere et (tute audacter dicito,
  Tyndare) inter nos fuisse ingenio hau discordabili,
  neque te commeruisse culpam (neque me aduorsatum tibi)
  beneque ero gessisse morem in tantis aerumnis tamen ;
405 neque med umquam descruisse te neque factis neque fide,   45
  rebus in dubiis, egenis. haec pater quando sciet,
  Tyndare, ut fueris animatus erga suom gnatum atque se,
  numquam erit tam auarus quin te gratiis emittat manu :
  et mea opera, si hinc rebito, faciam ut faciat facilius.
410 nam tua opera et comitate et uirtute et sapientia   50
  fecisti ut redire liceat ad parentes denuo,
  quóm apud hunc confessus es et genus et diuitias meas :
  quo pacto emisisti e uinclis tuom erum tua sapientia.
  PHILOC. feci ego ita ut commemoras, et te meminisse id
  gratum est mihi.
415 merito tibi ea éuenerunt a me ; nam nunc, Philocrates,   55
  si ego item memorem quae med erga multa fecisti bene,
  nox diem adimat ; nam quasi seruos [meus] esses, nihilo
  setius
  ⟨tu⟩ mihi opsequiosus semper fuisti. HE. di uostram
  fidem,
  hominum ingenium liberale ! ut lacrumas excutiunt mihi !
420 uideas corde amare inter se. quantis * laudibus   60
  suom erum seruos conlaudauit ! PHILOC. pol istic me hau
  centessumam
  partem laudat quam ipse meritust ut laudetur laudibus.

---

403 te aduorsatum mihi *Brix*   408 gratus *cod.* (*cf. Curc.* 6
ingratus *pro* ingratiis)   manu emittat gratiis *Brix, cui* gratiis *displicet*
413 excmisti *T* (?), *fort. recte*   414 ita *Bothe* : ista *cod.* (*cf. Trin.*
1170 istast *pro* itast), *forma vix Plautina*   415 ⟨sed⟩ merito
Brix   416 me *cod.*   417 quasi *Fleckeisen* : si *cod.*   meus *del.*
Guietus : mi *Bentley*   sis *Fleckeisen*   420 *fort.* i. sese c. a.   laudibus (*B³*) *an* laudauit (*P*ᴮᴰ) *cod. incert.* : *fort.* ⟨erus hunc⟩ laudibus

HE. ergo quom optume fecisti, nunc adest occasio
bene facta cumulare, ut erga hunc rem geras fideliter.
65 PHILOC. magi' non factum possum uelle quam opera ex- 425
periar persequi ;
id ut scias, Iouem supremum testem laudo, | Hegio,
me infidelem non futurum Philocrati. HE. probus es homo.
PHILOC. nec me secus umquam ei facturum quicquam quam
memet mihi.
TY. istaec dicta te experiri ét opera et factis uolo ;
70 et, quo minu' dixi quam uolui de te, animum aduortas uolo, 430
atque horunc uerborum caussa caue tu mi iratus suas ;
sed, te quaeso, cogitato hinc mea fide mitti domum
te aestumatum, et méam esse uitam hic pro te positam
pignori,
ne tu me ignores, quom extemplo meo e conspectu apsces-
seris,
75 quom me seruom in seruitute pro ted hic reliqueris 435
tuque te pro libero esse ducas, pignus deseras
neque des operam pro me ut huius huc reducem facias
filium ;
scito te hinc minis uiginti aéstumatum mittier.
fac fidele sis fidelis, caue fidem fluxam geras :
80 nam pater, scio, fáciet quae illum facere oportet omnia ; 440
serua tibi in perpetuom amicum mé, atque hunc inuentum
inueni.
haec per dexteram tuam te dextera retinens manu
opsecro, infidelior mihi ne fuas quam ego sum tibi.
tu hoc age. tu mihí erus nunc es, tu patronus, tu pater,
85 tibi commendo spes opesque meas. PHILOC. mandauisti 445
satis.

425 *vel* mage   426 laudo *testatur Nonius* 335 : do *cod.*   me, Hegio,
Infidelem (?) *Leo*   431 caue tu *Bentley* : caueto *cod.*, sed cauĉto-mi
vix ferendum   432 mea *Camerarius* : [te] mea *cod.* (iv. 2)   437 huius
huc *scripsi* : huius huius *cod.* (huius *semel P?*)   438 *secl. Brix*   439
fidelis sis fideli *cod.*   *Nonius* 512 *testatur* fidele 'pro fideliter'
feras *codd. Nonii*   444 nunc erus *Camerarius*

CAPTIVI II. iii

satin habes, mandata quae sunt facta si refero? TY. satis.
PHILOC. et tua et tua huc ornatus reueniam ex sententia.
numquid aliud? TY. ut quam primum possis redeas.
                                        PHILOC. res monet.
HE. sequere me, uiaticum ut dem á tarpezita tibi,
450 eadem opera a praetore sumam syngraphum. TY. quem 90
                                        syngraphum?
HE. quem hic ferat secum ad legionem, hinc ire huic ut
                                        liceat domum.
tu intro abi. TY. bene ambulato.—PHILOC. bene uale.
                                        HE. edepol rem meam
constabiliui, quom illos emi de praeda a quaestoribus;
expediui ex seruitute filium, si dis placet.
455 at etiam dubitaui, hos homines emerem an non emerem, diu. 95
seruate istum sultis intus, serui, ne quoquam pedem
ecferat sine custode. ego * apparebo domi;
ad fratrem modo ⟨ad⟩ captiuos alios inuiso meos,
eadem percontabor ecquis hunc ádulescentem nouerit.
460 sequere tu, te ut amittam ; ei rei primum praeuorti uolo.— 100

ACTVS III

ERGASILVS III. i

ER. Miser homo est qui ipse sibi quod edit quaerit et id
                                        aegre inuenit,
sed ille est miserior qui et aegre quaerit et nihil inuenit;
ille miserrumust, qui quom esse cupit, ⟨tum⟩ quod edit non
                                        habet.
nam hercle ego huic die, si liceat, oculos ecfodiam lubens,
465 ita malignitate onerauit omnis mortalis mihi;   5

---

457 custodela *Gruterus* ⟨iam⟩ ego *Bothe* : ego ⟨desubito⟩ *Schoell*
458 ad *add. Fleckeisen. secundum morem Plautinum* 461 *vel*
ipsus   463 tum *add. Niemeyer*

T. MACCI PLAVTI

neque ieiuniosiorem neque magis ecfertum fame
uidi nec quoi minu' procedat quidquid facere occeperit,
ita uenter gutturque resident essurialis ferias.
ilicet parasiticae arti maxumam malam crucem,
10 ita[que] iuuentus iam ridiculos inopesque ab se segregat. 470
nil morantur iam Lacones unisubselli uiros,
plagipatidas, quibu' sunt uerba sine penu et pecunia :
eos requirunt qui lubenter, quom ederint, reddant domi :
ipsi opsonant, quae parasitorum ante erat prouincia,
15 ipsi de foro tam aperto capite ad lenones eunt 475
quam in tribu sontes aperto capite condemnant reos ;
neque ridiculos iam terrunci faciunt, sese omnes amant.
nám uti dudum hinc abii, accessi ad adulescentes in foro.
'saluete' inquam. 'quo imus una?' ínquam : [ad prandium]
                                   átque illi tacent.
20 'quis ait "hoc" aut quis profitetur?' inquam. quasi muti 480
                                   silent,
neque me rident. 'ubi cenamus?' inquam. átque illi
                                   abnuont.
dico unum ridiculum dictum de dictis melioribus,
quibu' solebam menstrualis epulas ante adipiscier :
nemo ridet ; sciui extemplo rem de compecto geri :
25 ne canem quidem irritatam uoluit quisquam imitarier, 485
saltem, si non adriderent, dentes ut restringerent.
abeo ab illis, postquam uideo me sic ludificarier ;
pergo ad alios, uenio ad alios, deinde ad alios : una res !
omnes ⟨de⟩ compecto rém agunt, quasi in Velabro olearii.
30 nunc redeo inde, quoniam mé ibi uideo ludificarier. 490
item alii parasiti frustra obambulabant in foro.
nunc barbarica lege certumst ius meum omne persequi :

467 qui *cod.*   468 ita *Pylades*   470 se *Camerarius* : sese *cod.*
(*seq.* se-)   476 in tribu quam ap. *Niemeyer*, quo magis resonet hic
versus priori aperto capite sontes *cod.*: *trai Brix* (i, p 37)   478
nam ⟨ego⟩ ut ⟨ita *cod.*⟩ *Bothe*   479 ad prandium *delevi* (iv, p. 79)
489 de *add. Fleckeisen*

CAPTIVI   III. i

qui consilium iniere, quo nos uictu et uita prohibeant,
is diem dicam, inrogabo multam, ut mihi cenas decem
495 meo arbitratu dent, quom cara annona sit.   sic egero.   35
nunc ibo ad portum hinc : est illic mi una spes cenatica ;
si ea decollabit, redibo huc ad senem ad cenam asperam.

HEGIO   ii

He. Quid est suauiu' quam bene rem gerere
bono publico, sicut ego feci heri, quom
500 emi hosce homines : ubi quisque uident,
eunt obuiam gratulanturque eam rem.
502 ita me miserum restitando retinendo[que] lassum reddi- 5
503   derunt :
uix ex gratulando miser iam eminebam.
505 tandem abii ad praetorem ; ibi uix requieui :
rogo syngraphum : datur mi ilico : dedi Tyndaró : ille abiit
        domum.
inde ilico praeuortor domum, postquam id actum est ;
ego protinus ad fratrem inde abii, mei ubi sunt alii captiui. 10
rogo Philocratem ex Alide ecquis omnium no[ue]rit :
510 tandem hic exclamat eum sibi esse sodalem ;
dico eum esse apud mé ; hic extemplo orat opsecratque
eum sibi ut liceat uidere :
iussi ilico hunc exsolui.   nunc tu sequere me,   15
514 ut quod me orauisti impetres, eum hominem uti conuenias.—
515

TYNDARVS   iii

Ty. Nunc illud est quom me fuisse quam esse nimio mauelim :
nunc spes opes auxiliaque a me segregant spernuntque se.
hic illest dies quom nulla uitae meae salus sperabilest,

493 concilium *cod*.   496 *vel* illi   503 que *del. Hermann*
507 reuortor *B*   508 ego *Skutsch* : eo *cod.* (v. 12, p. 74)   509
hominum *Hermann*   511 eum *om. B* (*add. post* esse *B³*)
515 uti] ut *cod.*   517 se *Dousa* : me *cod.*

neque exitium exitio est neque adeo spes, quae mi hunc
   aspellat metum,
nec subdolis mendaciis mihi usquam mantellum est meis,   520
nec sycophantiis nec fucis ullum mantellum obuiam est,
neque deprecatio perfidiis meis nec malefactis fuga est,
nec confidentiae usquam hospitium est nec deuorticulum
   dolis :
operta quae fuere aperta sunt, patent praestigiae, om-
   -nis res palam est,
neque de hac re negotium est   525
quin male occidam oppetamque pestem eri uicem — meamque.
perdidit me Aristophontes hic modo qui uenit intro ;
is me nouit, is sodalis Philocrati et cognatus est.
neque iam Salus seruare, si uolt, me potest, nec copia est,
nisi si aliquam corde machinor astutiam.   530
quam, malum? quid machiner? quid comminiscar? maxumas
nugas, ineptiam incipisse. haereo.

iv HEGIO   TYNDARVS   ARISTOPHONTES

HE. Quo illum nunc hominem proripuisse foras se dicam
   ex aedibus?
TY. nunc enim uero ego occidi: eunt ad te hostes, Tyndare.
quid loquar? quid fabulabor? quid negabo aut quid 535
   fatebor [mihi]?
res omnis in incerto sita est.   quid rebus confidam meis?
utinam te di priu' perderent quam periisti e patria tua,
Aristophontes, qui ex parata re inparatam omnem facis.
occisa est haec res, nisi reperio atrocem mi aliquam astutiam.

519 exitium *Pontanus* ' *ex cod. vet.*' : exilium *cod.* (L *pro* T)
520 mendatiis (-tus *P*ᴱ) subdolis *cod.* : *trai*. *Pylades*   521
secl. Langen   nec hi s. *codd. schol. Verg. Georg.* 4. 377 : ne *cod.*
(nec *J*)   522 precatio *P*ᴱ   527 qui uenit modo intro *cod.* :
traieci : qui intro uenit modo *Camerarius*   531 qua *cod.* (quam *P*ᴶ)
532 ineptias *cod.* : *correxi* *fort.* maxumast Nugas ineptia incipissere.
haereo.   534 *vel* ted   535 mihi *del. Lindemann, qui in v.*
534 Tyndare. ei mihi *scribit*   538 rem *Redslob*

540 HE. sequere. em tibi hominem. adi, atque adloquere.
TY. quis homost me hominum miserior?
AR. quid istuc est quod meos te dicam fugitare oculos,
            Tyndare,
proque ignoto me aspernari, quasi me numquam noueris? 10
equidem tam sum seruos quam tu, etsi ego domi liber fui,
tú usque a puero seruitutem seruiuisti in Alide.
545 HE. edepol minime miror, si te fugitat aut oculos tuos,
aut si te odit, qui istum appelles Tyndarum pro Philocrate.
TY. Hegió, hic homo rabiosus habitus est in Alide, 15
ne tu quod istic fabuletur auris immittas tuas.
nam istic hastis insectatus est domi matrem et patrem,
550 et illic isti qui sputatur morbus interdum uenit.
proin tu ab istóc procul recedas. HE. ultro istum a me!
        AR. ain, uerbero?
me rabiosum atque insectatum esse hastis meum memoras 20
            patrem,
et eum morbum mihi esse, ut qui me opus sit insputarier?
HE. ne uerere, multos iste morbus homines macerat,
555 quibus insputari saluti fuit atque is profuit.
AR. quid tu autem? etiam huic credis? HE. quid ego
        credam huic? AR. insanum esse me?
TY. uiden tu hunc quám inimico uoltu intuitur? concedi 25
            optumumst,
Hegio: fit quod tibi ego dixi, gliscit rabies, caue tibi.
HE. credidi esse insanum extemplo, ubi te appellauit
            Tyndarum.
560 TY. quin suom ipse interdum ignorat nomen neque scit
            qui siet.
HE. at etiam te suom sodalem esse aibat. TY. hau uidi
            magis.

547 istic *Luchs* 550 insputatur *Pylades* ' *ex cod. ant.*,' *fort. recte*
(v. 9, 8) 553 *vel* med 554 TY. Ne *Redslob fort.* homines
morbus (i, p. 37) 557 intuetur *cod.* 558 sit PE (s prof): id
Schoell, cui Hegió *displicet* 560 Quin *Pontanus*: Quia *cod.*

30 et quidem Alcúmeus atque Orestes et Lycurgus postea
una opera mihi sunt sodales qua iste. AR. at etiam, furcifer,
male loqui mi audes? non ego te noui? HE. pol planum
id quidem est,
non nouisse, qui istum appelles Tyndarum pro Philocrate. 565
quem uides, eum ignóras : illum nominas quem non uides.
35 AR. immo iste eum sese ait qui non est esse et qui uero
est negat.
TY. tú enim repértu's, Philocratem qui superes ueriuerbio.
AR. pol ego ut rem uideo, tu inuentu's, uera uanitudine
qui conuincas. sed quaeso hercle, agedum aspice ad me. 570
TY. em. AR. dic modo :
⟨tun⟩ negas te Tyndarum esse? TY. négo, inquam. AR.
tún te Philocratem
40 esse ais? TY. égo, inquam. AR. túne huic credis? HE.
plus quidem quám tibi aut—mihi.
nam ille quidem, quem tu hunc memoras esse, hodie hinc
abiit Alidem
ad patrem huiius. AR. quem patrem, qui seruos est? TY.
et tu quidem
seruos et liber fuisti, et ego me confido fore, 575
si huius huc reconciliasso in libertatem filium.
45 AR. quid ais, furcifer? tun te⟨te⟩ gnatum memoras liberum?
TY. non equidem me Liberum, sed Philocratem esse aio.
AR. quid est?
ut scelestus, Hegio, nunc iste ⟨te⟩ ludos facit !
nám is est seruos ipse, neque praeter se umquam ei seruos fuit. 580
TY. quia tute ipse eges in patria nec tibi qui uiuas domist,
50 omnis inueniri similis tui uis ; non mirum facis :
est miserorum ut maleuolentes sint atque inuideant bonis.

565 appellas P^E   571 tun negas te *Bosscha* : te negas *cod.*
573 *vel* ill'   575 es l. *Fleckeisen*   576 hunc *cod.* (huc *J*)   577
tete *Gruterus* : te *cod.*   gnatum ⟨esse⟩ *Pylades*   579 te *add.*
Gruterus   582 inueniri *Camerarius* : inuenire *cod.*   tui *Fleckeisen* : tibi *cod., quod vix Plautinum*

CAPTIVI III. iv

AR. Hegio, uide sís ne quid tu huic temere insistas credere.
585 atque, ut perspicio, profecto iám aliquid pugnae [e]dedit.
filium tuom quód redimere se ait, id ne utiquam mihi
placet.
TY. scio te id nolle fieri; ecficiam tamen ego id, si di 55
adiuuant.
illum restituam huic, hic autem in Alidem me meo patri.
propterea ad patrem hinc amisi Tyndarum. AR. quin
tute is es :
590 neque praeter te in Alide ullus seruos istoc nominest.
TY. pergin seruom me exprobrare esse, id quod uí hostili
optigit?
AR. enim iam nequeo contineri. TY. heus, audin quid 60
ait? quin fugis?
iam illic hic nos insectabit lapidibus, nisi illunc iubes
comprehendi. AR. crucior. TY. ardent oculi : fit opus,
Hegio ;
595 uiden tu illi maculari corpus totum maculis luridis?
atra bilis agitat hominem. AR. at pol te, si hic sapiat senex,
pix atra agitet apud carnuficem tuoque capiti inluceat. 65
TY. iam deliramenta loquitur, laruae stimulant uirum,
⟨Hegio⟩. HE. quíd si hunc comprehendi iusserim? TY.
sapias magis.
600 AR. crucior lapidem non habere mé, ut illi mastigiae
cerebrum excutiam, qui me insanum uerbis concinnat suis.
TY. audin lapidem quaeritare? AR. solus te solum uolo, 70
Hegio. HE. istinc loquere, si quid uis, procul. tamen
audiam.
TY. namque edepol si adbites propius, os denasabit tibi
605 mordicus. AR. neque pol me insanum, Hegio, esse creduis

585 dedit *Scioppius* : edidit *cod.*   592 enim *Bothe* : enim [uero] *cod.* (iv. 1) (*cf. Stich.* 616 enim *P*, enim uero *A*)   595 vel illic   597 pix atra *Lindemann, fauente et metro et allitteratione* : atra pix *cod.*   tuo quae (?) *Leo*   599 Hegio. HE. quid *scripsi* : HE. Hercle quid *P*ᴾᴮᴰ (Hercle *pro* hĕg.) : HE. Quid *B*³ (iii. 2)

neque fuisse umquam, neque esse morbum quem istic
autumat.
75 uerum si quid metuis a me, iube me uinciri : uolo,
dum istic itidem uinciatur. Ty. immo enim uero, Hegio,
istic qui uolt uinciatur. Ar. tace modo. ego te, Philocrates
false, faciam ut uerus hodie reperiare Tyndarus. 610
quid mi abnutas? Ty. tibi ego abnuto? Ar. quid agat,
si apsis longius?
80 He. quid ais? quid si adeam hunc insanum? Ty. nugas!
ludificabitur,
garriet quoi neque pes umquam neque caput compareat.
ornamenta apsunt : Aiacem, hunc quom uides, ipsum uides. 615
He. nihili facio. tamen adibo. Ty. nunc ego omnino
occidi,
nunc ego inter sacrum saxumque sto, nec quid faciam scio.
. 85 He. do tibi operam, Aristophontes, si quid est quod me uelis.
Ar. ex me audibis uera quae nunc falsa opinare, Hegio.
sed hoc primum, me expurigare tibi uolo, me insaniam 620
neque tenere neque mi esse ullum morbum, nisi quod seruio.
at ita me rex deorum atque hominum faxit patriae compotem,
90 ut istic Philocrates non magis est quam aut ego aut tu.
He. eho dic mihi,
quis illic igitur est ? Ar. quem dudum dixi a principio tibi.
hoc si secu' reperies, nullam caussam dico quin mihi 625
et parentum et libertatis apud te deliquio siet.
He. quid tu ais? Ty. me tuom esse seruom et te meum
erum. He. haud istuc rogo.
95 fuistin liber? Ty. fui. Ar. enim uero non fuit, nugas agit.
Ty. qui tu scis ? an tu fortasse fuisti meae matri opstetrix,
qui id tam audacter dicere audes? Ar. puerum te uidi 630
puer.
Ty. at ego te uideo maior maiorem : ém rusum tibi.

614 quoi *Acidalius* : quod *cod*. (i. 7. p. 21) 616 nihili *Lambinus* :
nihil *cod*. 619 *vel* opinas 620 *vel* med expurgare (-rg- *cod.*)
631 ⟨uir⟩ uid. *Mueller (Rhein. Mus.* 54. 385)

CAPTIVI III. iv

meam rem non cures, si recte facias. num ego curo tuam?
HE. fuitne huic pater Thensaurochrysonicochrysides? 100
AR. non fuit, neque ego istuc nomen umquam audiui ante
   hunc diem.
635 Philocrati Theodoromedes fuit pater. TY. pereo probe.
quin quiescis dierectum cor meum? ac suspende te.
tu sussultas, ego miser uix asto prae formidine.
HE. satin istuc mihi exquisitum est, fuisse hunc seruom in 105
   Alide
neque esse hunc Philocratem? AR. tam sati' quam numquam hoc inuenies secus.
640 sed ubi is nunc est? HE. ubi ego minime atque ipsus se
   uolt maxume.
tum igitur ego deruncinatus, deartuatus sum miser
huius scelesti techinis, qui me ut lubitum est ductauit dolis.
sed uide sis. AR. quin exploratum dico et prouisum hoc 110
   tibi.
HE. certon? AR. quin nihil, inquam, inuenies magis hoc
   certo certius.
645 Philocrates iam inde usque amicus fuit mihi a puero puer.
HE. sed qua faciest tuo' sodalis Philocrates? AR. dicam
   tibi:
macilento ore, naso acuto, corpore albo, oculis nigris,
subrufus aliquantum, crispus, cincinnatus. HE. conuenit. 115
TY. ut quidem hercle in medium ego hodie pessume processerim.
650 uae illis uirgis miseris, quae hodie in tergo morientur meo.
HE. uerba mihi data esse uideo. TY. quid cessatis, com-
   pedes,
currere ad me meaque amplecti crura, ut uos custodiam?

632 tua *cod.* (tuam *PJ*)   636 cor meum? i d. (?) *Leo*   641, 642 *post* 645 *collocat Brix*   641 crumnatus *P*BD (*non P*A) : deunciatus *codd. Nonii* 95   644 qui *cod.* (quin *PJ*)   647 oculis *Guietus, secundum morem Plautinum* : [et] oculis *cod.*

III. iv   T. MACCI PLAVTI

120 HE. satin med illi hodie scelesti capti ceperunt dolo?
    illic seruom se adsimulabat, hic sese autem liberum.
    nuculeum amisi, reliqui pigneri putamina.   655
    ita mihi stólido susum uorsum os subleuere offuciis.
    hicquidem me numquam inridebit. Colaphe, Cordalio, Corax,
125 ite istinc, ecferte lora.
                   COLAPHVS
                Num lignatum mittimur?
v   HEGIO   TYNDARVS   ARISTOPHONTES
    HE. Inicite huic manicas *mastigiae.
    TY. quid hoc ést negoti? quid ego deliqui? HE. rogas,   660
    sator sartorque scelerum et messor maxume?
    TY. non occatorem dicere audebas prius?
  5 nam semper occant priu' quam sariunt rustici.
    HE. at⟨tat⟩ ut confidenter mihi contra astitit!
    TY. decet innocentem seruolum atque innoxium   665
    confidentem esse, suom apud erum potissumum.
    HE. astringite isti sultis uehementer manus.
 10 TY. tuos sum, tu has quidem uel praecidi iube.
    sed quid negoti est? quámobrem suscenses mihi?
    HE. quia me meamque rem, quod in te uno fuit,   670
    tuis scelestis, falsidicis fallaciis
    delacerauisti deartuauistique opes.
 15 confecisti omnis res ac rationes meas:
    ita mi exemisti Philocratem fallaciis.
    illum esse seruom credidi, te liberum;   675
    ita uosmet aiebatis itaque nomina

        655 retinui *ut vid. Donatus Adelph.* 5, 3, 10 (*sed. cf. Harv. Stud.* 9,
        127)   658 istinc *Guietus* : istinc [atque] *cod.* (*cf. ad Aul.* 784): istim
        atque *Lachmann*   659 ⟨maxumas⟩ mast. *Spengel*   661 sartor
        satorque *codd. Nonii* 7 (*s.v.* sartores)   662 prius audebas dicere *codd.
        Nonii*   664 attat *Hermann*   *fort.* mi homo contra   665
        seruolum *Bothe* : seruom *cod.* (*cf. Asin. arg.* 4 seruo *pro* seruolo; v.
        8)   668 tuas q. *cod.* (tu has q. *J*)   672 deartuasti dilacerauisti
        atque opes *codd. Nonii* 95   675 credi *cod.* (credidi *J*) (iii. 3)

CAPTIVI III. v

inter uos permutastis. Ty. fateor omnia
facta esse ita ut ⟨tu⟩ dicis, et fallaciis 20
abiisse eum aps te mea opera atque astutia ;
680 an, opsecro hercle te, id nunc suscenses mihi?
HE. at cum cruciatu maxumo id factumst tuo.
Ty. dum ne ob male facta peream, parui existumo.
si ego hic peribo, ast ille ut dixit non redit, 25
at erit mi hoc factum mortuo memorabile,
685 ⟨me⟩ meum erum captum ex seruitute atque hostibus
reducem fecisse liberum in patriam ad patrem,
meumque potius me caput periculo
praeoptauisse quam is periret ponere. 30
HE. facito ergo ut Accherunti clueas gloria.
690 Ty. qui per uirtutem periit, at non interit.
HE. quando ego te exemplis excruciaro pessumis
atque ob sutelas tuas te morti misero,
uel te interiisse uel periisse praedicent ; 35
dum pereas, nihil interdico aiant uiuere.
695 Ty. pol si istuc faxis, hau sine poena feceris,
si ille huc rebitet, sicut confido adfore.
AR. pro di inmortales ! nunc ego teneo, nunc scio
quid hoc sít negoti. meu' sodalis Philocrates 40
in libertate est ad patrem in patria. bene est,
700 nec ⟨usquam⟩ quisquam est mi aeque melius quoi uelim.
sed hoc mihi aegre est, me huic dedisse operam malam,
qui nunc propter me meaque uerba uinctus est.
HE. uotuin te quicquam mi hodie falsum proloqui ? 45

678 ut ⟨tu⟩ *Camerarius* : *fort.* ut ⟨facta⟩   682 existumo *Bothe* : estumo *cod.* (*i. e.* aest-) : ⟨id⟩ aest. *Pylades*   685 me *add. Pylades*   691 pessumis excruciauero *cod.* : *trai. Bothe* (i, p. 37)   694 interdo *Spengel*   aiant *Fleckeisen* : dicant *cod.* (*pro* diant) (d *pro* a ; *cf. v.* 72 dio *pro* aio)   696 rebitet '*quidam*' *ap. Pareum* : redibit et *cod.* (i. 7)   affore *Pius* : afforet *cod.*   698 hoc sit *Bothe* : sit hoc *cod., contra metrum*   699 bene est *in initio v.* 700 *in cod., qui totius loci versuum discretionem turbauit* : *vix* bene est, Bene est, nec   700 usquam *add. Lange* (*Fleck. Jahrb.* 1894, p. 283)   mi ⟨alius⟩ *Fleckeisen*

Ty. uot[a]uisti. He. qur es ausus mentiri mihi?
Ty. quia uera obessent illi quoi operam dabam :   705
  nunc falsa prosunt. He. at tibi oberunt. Ty. optumest.
  at erum seruaui, quem seruatum gaudeo,
50 quoi me custodem addiderat eru' maior meus.
  sed malene id factum ⟨tu⟩ arbitrare? He. pessume.
  Ty. at ego aio recte, qui aps te sorsum sentio.   710
  nam cogitato, si quis hoc gnato tuo
  tuo' seruos faxit, qualem haberes gratiam?
55 emitteresne necne eum seruom manu?
  essetne apud te is seruos acceptissumus?
  responde. He. opinor. Ty. qur ergo iratus mihi es?   715
  He. quia illi fuisti quam mihi fidelior.
  Ty. quid? tu una nocte postulauisti et die
60 recens captum hominem, nuperum, nouicium,
  te perdocere ut melius consulerem tibi
  quam illi quicum una ⟨a⟩ puero aetatem exegeram?   720
  He. ergo ab eo petito gratiam istam.   ducite
  ubi ponderosas, crassas capiat compedis.
65 inde ibis porro in latomias lapidarias.
  ibi quom alii octonos lapides ecfodiunt, nisi
  cotidiano sesqueopus confeceris,   725
  ' Sescentoplago ' nomen indetur tibi.
  Ar. per deos atque homines ego te optestor, Hegio,
70 ne tu istunc hominem perduis. He. curabitur ;
  nam noctu neruo uinctus custodibitur,
  interdius sub terra lapides eximet :   730
  diu ego hunc cruciabo, non uno apsoluam die.
  Ar. certumne est tibi istuc? He. non moriri certius.
75 abducite istum actutum ad Hippolytum fabrum,

---

704 *vel* uotasti   709 tu *add. Pylades*   id arb. fact. *Camerarius*: fact. id arb. *Geppert*   715 *vel* opino   716 *vel* illic   718 nuperum nouicium *codd. Nonii* 143 : nuperum et nouicium *Prisciani* 1, 96 : nuper et nou. *cod. ut vid.*   720 *vel* illic   a *add. Pylades*   721 istam gratiam *cod* : trai. *Pylades*   725 cotidianos *cod.*   731 ego hunc *Ital.* : hunc ego *cod.*

CAPTIVI III. v

    iubete huic crassas compedis impingier ;
735 inde extra portam ad meum libertum Cordalum
    in lapicidinas facite deductus siet :
    atque hunc me uelle dicite ita curarier
    ne qui deterius huic sit quam quoi pessume est.   80
    TY. qur ego te inuito me esse saluom postulem?
740 periclum uitae meae tuo stat periculo.
    post mortem in morte nihil est quod metuam mali.
    etsi peruiuo usque ad summam aetatem, tamen
    breue spatium est perferundi quae minitas mihi.   85
    uale atque salue, etsi aliter ut dicam meres.
745 tu, Aristophontes, de me ut meruisti, ita uale ;
    nam mihi propter te hoc optigit.   HE. abducite.
    TY. at unum hoc quaeso, si huc rebitet Philocrates,
    ut mihi eius facias conueniundi copiam.   90
    HE. periistis, nisi hunc iam e conspectu abducitis.
750 TY. uis haec quidem hercle est, et trahi et trudi simul.—
    HE. illic est abductus recta in phylacam, ut dignus est.
    ego illís captiuis aliis documentum dabo,
    ne tale quisquam facinus incipere audeat.   95
    quod apsque hoc esset, qui mihi hoc fecit palam,
755 usque offrenatum suis me ductarent dolis.
    nunc certum est nulli posthac quicquam credere.
    satis sum semel deceptus.   speraui miser
    ex seruitute me exemisse filium :   100
    ea spes elapsa est.   perdidi unum filium,
760 puerum quadrimum quem mihi seruos surpuit,
    neque eum seruom umquam repperi neque filium ;
    maior potitus hostium est.   quod hoc est scelus?
    quasi in orbitatem liberos produxerim.   105
    sequere hac.   redducam te ubi fuisti.   neminis

---

737 ita me uelle dicite *cod.* : *trai. Fleckeisen*   748 *vel* mi
749 iam hunc *Pylades*: istunc iam *Brix, hiatum* nisi | hunc *vitantes*
755 offrenatum *Gulielmius* : ofere natum *cod.* (E *pro* F)   756
post haec *cod.*   762 hostis *codd. Nonii* 498

miserere certum est, quia mei miseret neminem.— 765
AR. exauspicaui ex uinclis. nunc intellego
redauspicandum esse in catenas denuo.—

ACTVS IV

ERGASILVS

ER. Iuppiter supreme, seruas me measque auges opes,
maxumas opimitates opiparasque offers mihi,
laudem, lucrum, ludum, iocum, festiuitatem, ferias, 770
pompam, penum, potationes, saturitatem, gaudium,
5 nec quoiquam homini supplicare nunc certum est mihi :
nam uel prodesse amico possum uel inimicum perdere,
ita hic me amoenitate amoena amoenus onerauit dies.
sine sacris hereditatem sum aptus ecfertissumam. 775
nunc ad senem cursum capessam hunc Hegionem, quoi boni
10 tantum adfero quantum ipsus a dis optat, atque etiam amplius.
nunc certa res est, eodem pacto ut comici serui solent,
coniciam in collum pallium, primo ex med hanc rem ut
audiat ;
speroque mé ob hunc nuntiúm aeternum adepturum cibum. 780

HEGIO ERGASILVS

HE. Quanto in pectore hanc rem meo magi' uoluto,
tanto mi aegritudo auctior est in animo.
ad illum modum sublitum os esse mi hodie !
neque id perspicere quiui.
5 quod quom scibitur, ⟨tum⟩ per urbem inridebor. 785
quom extemplo ad forum aduenero, omnes loquentur :

765 misereri *cod., item codd. grammaticorum aliquot (cf. ad Truc.*
223) neminis me miseret nam mei m. n. *codd. Nonii* 143, *fort. vera
antiqua lectio* 771 potationis *cod.* 772 *fort.* ⟨quicquam⟩ s.
ut septenarius fiat nunciam *Geppert* 774 dies *Pylades :* mihi *cod.*
777 ipse *cod.* 779 me *cod.* 781 *vel* mage 783 sublitum *Ital. :*
subitum *cod.* hodie mihi *cod. : trai. Reiz* 785 tum *add. Lindemann*

CAPTIVI   IV. ii

'hic illest senex doctus quoi uerba data sunt.'
sed Ergasilus estne hic procul quem uideo?
conlecto quidem est pallio.   quidnam acturust?
ER. moue aps te moram atque, Ergasile, age hanc rem.
eminor interminorque, ne [quis] mi opstiterit obuiam,
nisi quis sati' diu uixisse sese homo arbitrabitur.
nam qui opstiterit ore sistet.   HE. hic homo pugilatum
   incipit.
ER. facere certumst. proinde ut omnes itinera insistant sua :
ne quis in hac platea negoti conferat quicquam sui.
nam meumst ballista pugnum, cubitus catapultast mihi,
umerus aries, tum genu ad quemq' iecero ad terram dabo,
dentilegos omnis mortalis faciam, quemque offendero.
HE. quaé illaec eminatiost nam? nequeo mirari satis.
ER. faciam ut huius diei locíque meique semper meminerit.
qui mihi in cúrsu [opstiterit], faxo uitae is extemplo opstiterit suae.
HE. quid hic homo tantum incipissit facere cum tantis minis?
ER. prius edico, ne quis propter culpam capiatur suam :
continete uos domi, prohibete a uobis uim meam.
HE. mira edepol sunt ní hic in uentrem sumpsit confidentiam.
uae misero illi, quoius cibo iste factust imperiosior!
ER. tum pistores scrofipasci, quí alunt furfuribus sues,
quarum odore praeterire nemo pistrinum potest :
eorum si quoiiusquam scrofam in publico conspexero,
ex ipsis dominis meis pugnis exculcabo furfures.
HE. basilicas edictiones atque imperiosas habet :

---

787 ductus *cod.* (v. 12)   790 moram ⟨mŏram⟩ *Schoell*   791 quis *del. Guietus, secundum morem Plautinum*   794 ut] ita *Fleckeisen*   795 hanc plateam *Bothe*   796 mihi haec (*pro* hoc) balista pugnum est *gramm. de dub. nom.* 5, 587 *K.* ('pugnum Plautus genere neutro dixit' *testatus* : meus est ballista pugnus *cod.*   797 ad *del. Leo* : ut *Pylades* icero *Pylades*   801 opstiterit *seclusi* : [in cursu] *Bothe*   806 iste]*fort.* is   807 furfuribus *Luchs, postulante et metro et sensu* : furfure *cod.*

satur homost, habet profecto in uentre confidentiam.
ER. tum piscatores, qui praebent populo piscis foetidos,
  qui aduehuntur quadrupedanti, crucianti cantherio,
35 quorum odos subbasilicanos omnis abigit in forum, 815
  eis ego ora uerberabo surpiculis piscariis,
  ut sciant alieno naso quám exhibeánt molestiam.
  tum lanii autem, qui concinnant liberis orbas ouis,
  qui locant caedundos agnos et dupla agninam danunt,
40 qui Petroni nomen indunt uerueci sectario, 820
  eum ego si in uia Petronem publica conspexero,
  et Petronem et dominum reddam mortalis miserrumos.
  HE. eugepaé! edictiones aedilicias hicquidem habet,
  mirumque adeost ni hunc fecere sibi Aetoli agoranomum.
45 ER. non ego nunc parasitus sum sed regum rex regalior, 825
  tantus uentri commeatus meo adest in portu cibus.
  sed ego cesso hunc Hegionem onerare laetitia senem,
  quí homine ⟨hómo⟩ adaéque nemo uiuit fortunatior.
  HE. quaé illaec est laetitia quam illic laetus largitur mihi?
50 ER. heus ubi estis? ⟨ecquis hic est?⟩ ecquis hoc áperit 830
  ostium?
  HE. hic homo ad cenam recipit se ad me. ER. áperite
  hasce ambas fores
  priu' quam pultando assulatim foribus exitium adfero.
  HE. perlubet hunc hominem conloquí. Ergasile. ER.
  Ergasilum qui uocat?
  HE. respice. ER. Fortuna quod tibi nec facit nec faciet,
  me iubes.
55 sed quis est? HE. respice ad me, Hegio sum. ER. oh 835
  mihi,

815 abegit *cod.* (*forma antiqua*): adegit *codd. Prisciani* 1.31   819
dupla *Rosi*: duplam *cod.*   824 fecerunt *P*E   Aetoli sibi *Guietus.*
cui hiatus sibi | Aet. *displicet*   828 quo *Ital.*   homo *addidi*   quin
hoc homine *Schoell*   830 *supplevit Bothe* (iii. 11)   831 *vel* med
832 assulatim *testatur Nonius* 72: uel absultatim uel assultatim *ut vid.*
cod. (*pro* uel adsultatim uel assulatim?) (*var. lect.*)   adfero] dabo *codd.*
Nonii   834 me *Brix*: [hoc] me *cod.*   835 quis *Ital.*: qui *cod.*
(quid *P*E)

CAPTIVI   IV. ii

quantum est hominum optumorum optume, in tempore
　　　　　　　　　　　　　　　　　　　　　　aduenis.
HE. nescioquem ad portum nactus es ubi cenes, eo fastidis.
ER. cedo manum. HE. manum? ER. manum, inquam,
　　　　　　　　　　　cedo tuam actutum. HE. tene.
ER. gaude. HE. quid ego gaudeam? ER. quia ego im-
　　　　　　　　　　　　　　　　　pero, age gaude modo.
840 HE. pol maerores mi anteuortunt gaudiis. ER. nóli irascier. 60
iam ego ex corpore exigam omnis maculas maerorum tibi.
gaude audacter. HE. gaudeo, etsi nil scio quod gaudeam.
ER. bene facis.　　iube— HE. quid iubeam? ER. ígnem
　　　　　　　　　　　　　　　　　　　　　　ingentem fieri.
HE. ignem ingentem? ER. ita dico, magnus ut sit. HE.
　　　　　　　　　　　　　　　　　　　　　quid? me, uolturi,
845 tuan caussa aedis incensurum censes? ER. noli irascier.　65
iuben an non iubes astitui aúlas, patinas elui,
laridum atque—epulas foueri foculis feruentibus?
alium piscis praestinatum abire? HE. hic uigilans somniat.
ER. alium porcinam atque agninam et pullos gallinaceos?
850 HE. scis bene esse, si sit unde. ER. pern⟨ul⟩am atque 70
　　　　　　　　　　　　　　　　　　　　　　opthalmiam,
horaeum, scombrum et trygonum et cetum et mollem
　　　　　　　　　　　　　　　　　　　　　　caseum?
HE. nominandi istorum tibi erit magi' quam edundi copia
hic apud méd, Ergasile. ER. mean me caussa hoc censes
　　　　　　　　　　　　　　　　　　　　　　dicere?
HE. nec nihil hodie nec multo plus tu hic edes, ne frustra sis.
855 proin tu tui cottidiani uicti uentrem ad me adferas.　　75
ER. quin ita faciam, ut ⟨tu⟩te cupias facere sumptum, etsi
　　　　　　　　　　　　　　　　　　　　　　ego uotem.

---

836 *fort.* ⟨ad me⟩ aduenis. *ut integer pentameter fiat*　　845 aedis
Gruterus: [me] aedis *cod.* (iv. 2)　　850 pern⟨ul⟩am *Geppert*:
pernam *cod.* (*cf. v.* 665)　　opthalmia *cod.*　　853 me *cod.*　　855
tui tu *codd. Prisciani* 1. 258　　pro uicti quotidiani ue. ad me adf. *codd.
Nonn* 484　　856 *vel* uti　　tute *Bentley*: te *cod.*

He. egone? Er. tu ne. He. tum tu mi igitur crus es.
                                  Er. immo beneuolens.
uin te faciam fortunatum? He. malim quam miserum
                                                    quidem.
Er. cedo manum. He. em manum. Er. di te omnes
                        adiuuant. He. nihil sentio.
80 Er. non enim es in senticeto, eo non sentis. sed iube   860
uasa tibi pura apparari ád rem diuinam cito,
atque agnum adferri propríum pinguem. He. qur? Er. ut
                                                  sacrufices.
He. quoi deorum? Er. mihi hercle, nam ego nunc tibi sum
                                          summus Iuppiter,
idem ego sum Salus, Fortuna, Lux, Laetitía, Gaudium.
85 proin tu deum hunc saturitate facias tranquillum tibi.   865
He. essurire mihi uidere. Er. miquidem essurio, non tibi.
He. tuo arbitratu, facile patior. Er. credo, consuetu's puer.
He. Iuppiter te dique perdant. Er. té hercle—mi aequom
                                                est gratias
agere ob nuntium ; tantum ego nunc porto a portu tibi boni :
90 nunc tu mihi places. He. abi, stúltu's, sero post tempus 870
                                                        uenis.
Er. igitur olim si aduenissem, magi' tu tum istuc diceres ;
nunc hanc laetitiam accipe a me quam fero. nam filium
tuom modo in portu Philopolemum uiuom, saluom et so-
                                                     spitem
uidi in publica celoce, ibidemque illum adulescentulum
95 Aleum una et tuom Stalagmum seruom, qui aufugit domo, 875
qui tibi surrupuit quadrimum puerum filiolum tuom.
He. abi in malam rem, ludis me. Er. ita me amabit
                                          sancta Saturitas,
Hegio, itaque suo me semper condecoret cognomine,

865 diuum *Bothe, cui hiatus* deum | hunc *displicet*   871 *vel* mage
874 celocem ibidem *codd. Nonii* 533

CAPTIVI IV. ii

ut ego uidi. HE. meum gnatum? ER. tuom gnatum et
genium meum.
880 HE. et captiuom illum Alidensem? ER. μὰ τὸν Ἀπόλλω. 100
HE. et seruolum
meum Stalagmum, meum qui gnatum surrupuit? ER. ναὶ
τὰν Κόραν.
HE. iam diu—ER. ναὶ τὰν Πραινέστην. HE. uenit? ER.
ναὶ τὰν Σιγνέαν.
HE. certon? ER. ναὶ τὰν Φρουσινῶνα. HE. uide sis. ER.
ναὶ τὸν Ἀλάτριον.
HE. quid tu per barbaricas urbis iuras? ER. quia enim
item asperae
885 sunt ut tuom uictum autumabas esse. HE. uae aetati—ER. 105
tuae!
quippe quando mihi nil credis, quod ego dico sedulo.
sed Stalagmus quoius erat tunc nationis, quom hinc abit?
HE. Siculus. ER. et nunc Siculus non est, Boius est, boiam
terit:
liberorum quaerundorum caussa ei, credo, uxor datast.
890 HE. dic, bonan fide tu mihi istaec uerba dixisti? ER. bona. 110
HE. di inmortales, iterum gnatus uideor, si uera autumas.
ER. ain tu? dubium habebis etiam, sancte quom ego iurem tibi?
postremo, Hegio, si parua iuri iurandost fides,
uise ad portum. HE. facere certumst. tu intus cura quod
opus est.
895 sume, posce, prome quiduis. te facio cellarium. 115
ER. nam hercle, nisi mantiscinatus probe ero, fusti pectito.
HE. aeternum tibi dapinabo uictum, si uera autumas.
ER. unde id? HE. a me meoque gnato. ER. sponden tu
istuc? HE. spondeo.

879 meumne *Bentley*   881 sqq. ναὶ] ne *cod*.   882 Tam *Wagner,
ita enim loquebantur Praenestini*   885 tuae *Hegioni continuant edd.*
888 et] at *Camerarius*: sed (set) *alii*   893 *fort.* paruom (*i.e.* parum,
antiqua forma), ita enim alibi ap. Plaut. (*Arch. Lat. Lex.* 13, 133)
898 sponden *Ital.*: sponde *cod.*

ER. at ego tuom tibi aduenisse filium respondeo.
120 HE. cura quam optume potes.—ER. bene ambula et redam- 900
                                                    bula.

iii   ERGASILVS

ER. Illic hinc ábiit, mihi rem summam credidit cibariam.
di inmortales, iam ut ego collos praetruncabo tegoribus!
quanta pernis pestis ueniet, quanta labes larido,
quanta sumini apsumedo, quanta callo calamitas,
5 quanta laniis lassitudo, quanta porcinariis!   905
nam si alia memorem, quae ad uentris uictum conducunt,
                                                    morast.
nunc ibo ut pro praefectura mea ius dicam larido,
et quae pendent indemnatae pernae, is auxilium ut
                                                    feram.—

iv   PVER

Pv. Diespiter te dique, Ergasile, perdant et uentrem tuom,
parasitosque omnis, et qui posthac cenam parasitis dabit. 910
clades calamitasque, intemperies modo in nostram aduenit
                                                    domum.
quasi lupus essuriens metui ne in me faceret impetum.
5 ubi uoltus **sur**ntis * * * * * * * * * * * impetum 912ª
nimisque hercle ego illum male formidabam, ita frendebat
                                                    dentibus.
adueniens deturbauit totum cum carni carnarium:
arripuit gladium, praetruncauit tribu' tegoribus glandia; 915
aulas calicesque omnis confregit, nisi quae modiales erant.
10 coquom pércontabatur possentne seriae feruescere.
cellas refregit omnis intus recclusitque armarium.
adseruate istunc, sultis, serui. ego ibo ut conueniam senem,

---

902 praetruncabo] cf. ad v. 915   904 absumendo cod.   905
accedit A   907 ut praefecturam et P (iii. p. 48)   908 pernis au. A
911 calamitatesque A   912 metui] timui A : metui timui Niemeyer :
fort. mi timui   912ª om. P (iii. 11)   ubi uoltus esurientis ⟨uidi, eius
extimescebam⟩ impetum (?) Leo   913 for)m(id)au(i A   914 (to)tum
(deturbat) A   915 praeruncauit A fort. recte   916 confregit P

CAPTIVI   IV. iv

920 dicam ut sibi penum aliud [ad]ornet, siquidem sese uti
                                                      uolet;
  nam | hic quidem | ut adornat aut iam nihil est aut iam
                                                  nihil erit.—

ACTVS V

HEGIO   PHILOPOLEMVS   PHILOCRATES   V. i

HE. Ioui disque ago gratias merito magnas,
    quom te redducem tuo patri reddiderunt
    quomque ex miseriis plurumis me exemerunt,
925 quae adhuc te carens dum hic fui sustentabam,
    quomque hunc conspicor in potestate nostra,   5
    quomque haec reperta est fides firma nobis.
PHILOP. sati' iam dolui ex animo, et cura sati' me et la-
                                                crumis maceraui,
    sati' iam audiui tuas aerumnas, ad portum mihi quas
                                                     memorasti.
930 hoc agamus. PHILOC. quid nunc, quoniam tecum seruaui
                                                        fidem
    tibique hunc reducem in libertatem feci? HE. fecisti 10
                                                        ut tibi,
    Philocrates, numquam referre gratiam possim satis,
    proinde ut tu promeritu's de me et filió. PHILOP. immo
                                                        potes,
    pater, et poteris et ego potero, et dí eam potestatem dabunt
935 ut beneficium bene merenti nostro merito muneres;

---

920 penum ali bi⟩ adorn(et *A* : penum aliud ornet *P*   dicam seni
curet sibi aliud penus *Priscianus* 1, 170, *genus neutrum et* penus *testatus*
921 *vel* uti   *fort. vers. trochaicus*   923 cum reducem (*ita cod.*) tuo te
Brix, cui redducem *forma displicet*   925 *om.* te *A*   huc *A*   926
conspicor *Geppert* : conspicio *P*, *A n. l.*   927 illaec rep. *Bach* : haec
⟨re⟩ rep. *Spengel, ut integer tetrameter fiat*   928 me satis et l. *P*: satis
me l. *A*   maceraui [hoc] *P*   *Voluerat scriba v.* 930 (*omisso propter
homoeoarch. v.* 929) *incipere* ⟨iv. 3⟩   932-1007 *deest A*

15 sicut tu huic potes, pater mi, facere merito maxume.
HE. quid opust uerbis ? lingua nullast qua negem quidquid
roges.
PHILOC. postulo aps te ut mihi illum reddas scruom, quem
hic reliqueram
pignus pro me, qui mihi melior quam sibi semper fuit,
pro bene factis eius ut ei pretium possim reddere. 940
20 HE. quod bene fecisti referetur gratia id quod postulas ;
et id et aliud quod me orabis impetrabis. atque te
nolim suscensere quod ego iratus ei feci male.
PHILOC. quid fecisti ? HE. in lapicidinas compeditum
condidi,
ubi resciui mihi data esse uerba. PHILOC. uae misero 945
mihi,
25 propter meum caput labores homini euenisse optumo !
HE. at ob eam rem mihi libellam pró eo argenti ne duis :
gratiis a me, ut sit liber, ducito. PHILOC. edepol, Hegio,
faci' benigne. sed quaeso hominem ut iubeas arcessi.
HE. licet.
ubi estis uos ? ite actutum, Tyndarum huc arcessite. 950
30 uos ite intro. interibi ego ex hac statua uerberea uolo
erogitare meo minore quid sit factum filio.
uos lauate interibi. PHILOP. sequere hac, Philocrates, me
intro.—PHILOC. sequor.—

ii HEGIO STALAGMVS

HE. Age tu illuc procede, bone uir, lepidum mancupium
meum.
ST. quid me oportet facere, ubi tu talis uir falsum autumas ? 955
fui ego bellus, lepidus : bonu' uir numquam, neque frugi
bonae,

940 ut ei *Ital.* : uti *cod.* (*pro* ut ei)   941 *post v.* 938 *in cod.*
(*non J*)   948 cratis *cod.* (C *pro* G)   ducito *Lindemann* : aducito
cod. (iv. 3, p. 84)   950 uos ⟨heus⟩ *Skutsch, cui hiatus* ubi | es.
displicet   951 inter ibo *cod.* (i. 7)

CAPTIVI V. ii

neque ero ⟨n⟩umquam : ne spem ponas me bonae frugi fore.
HE. propemodum ubi loci fortunae tuae sint facile intellegis. 5
sí eris uerax, tua ex re facies—ex mala meliusculam.
960 recte et uera loquere, sed neque ⟨tu⟩ uere neque recte adhuc
fecisti umquam. ST. quod ego fatear, credin pudeat quom
autumes?
HE. at ego faciam ut pudeat, nam in ruborem te totum dabo.
ST. heia, credo ego inperito plagas minitaris mihi. 10
tandem istaec aufer, dic quid fers, ut feras hinc quod petis.
965 HE. sati' facundu's. sed iam fieri dictis uolo compendium.
ST. ut uis fiat. HE. bene morigerus fuit puer, nunc non
decet.
hoc agamus. iam animum aduorte ac mihi quae dicam
edissere.
sí eris uerax, ⟨e⟩ tuis rebus feceris meliusculas. 15
ST. nugae istaec sunt. non me censes scire quid dignus
siem?
970 HE. at ea supterfugere potis es pauca, si non omnia.
ST. pauca ecfugiam, scio; nam multa euenient, et merito meo,
quia et fugi et tibi surrupui filium et eum uendidi.
HE. quoí homini? ST. Theodoromedi in Alide Polyplusio, 20
sex minis. HE. pro di inmortales, is quidem huiius est
pater.
975 Philocrates ! ST. quin melius noui quam te et uidi saepius.
HE. serua, Iuppiter supreme, et mé et meum gnatum mihi.
Philocrates, per tuom te genium ópsecro, exi, te uolo !

957 numquam *Vahlen* : umquam *cod* (*cf. Men.* 1027 nec umquam
pro nec n., *Pseud.* 136 neque umquam *pro* n. numq.) ne] neque *PE*
⟨in⟩ spem *Guietus*   959 verba ex mal. mel. *Stalagmo dat Schoell*
960 tu *add. Pylades* (*scriptum erat* nequ&uuere)   964 ista *cod.*,
forma vix Plautina   965 d. compendium uolo *cod.* : *trai. Bothe* :
dicta compendi uolo *Guietus*   967 ac *Camerarius* : haec *cod.*
968 *secl. Schoell*   ex (e) *add. Camerarius*   970 potisses *cod.*
971 *post* 973 *traditum hic reposuit Valla*   973 theodoro medico
cod.   975 philocratis *B* : Philocrati *Fleckeisen*   tu *Weil*   977
genium *Ital.* : ingenium *cod.*

V. iii   T. MACCI PLAVTI

iii   PHILOCRATES   HEGIO   STALAGMVS

PHILOC. Hegio, adsum. si quid me uis, impera. HE. hic
  gnatum meum
tuo patri ait se uendidisse sex minis in Alide.
PHILOC. quam diu id factum est? ST. hic annus incipit 980
  uicensumus.
PHILOC. falsa memorat. ST. aut ego aut tu. nam tibi
  quadrimulum
5 tuo' pater peculiarem paruolum puero dedit.
PHILOC. quid erat ei nomen? si uera dicis, memoradum
  mihi.
ST. Paegnium uocitatust, post uos indidistis Tyndaro.
PHILOC. qur ego te non noui? ST. quia mos est obliuisci 985
  hominibus
neque nouisse quoiius nihili sit faciunda gratia.
10 PHILOC. dic mihi, isne istic fuit, quem uendidisti meo
  patri,
qui mihi peculiaris datus est? ST. huiius filius.
HE. uiuitne is homo? ST. argentum accepi, nil curaui
  ceterum.
HE. quid tu ais? PHILOC. quin istic ipsust Tyndarus tuo'. 990
  filius,
ut quidem hic argumenta loquitur. nam is mecum a puero
  puer
15 bene pudiceque educatust usque ad adulescentiam.
HE. et miser sum et fortunatus, si ⟨uos⟩ uera dicitis;
eo miser sum quia male illi feci, si gnatus meust.
eheu, quóm ego plus minusque feci quam ⟨me⟩ aequom fuit. 995
quod male feci crucior; modo si infectum fieri possiet!
20 sed eccum incedit huc ornatus haud ex suis uirtutibus.

  982 paruulo *Lindemann* 'ex cod.'   986 nihili *Merula* : nihil *cod.*
  993 uos *add. Camerarius*   995 minusue *Gronovius*   me *add.
  Bentley*   997 haud ex *Muretus* : audax *cod.*

CAPTIVI V. iv

Tyndarvs   Hegio   Philocrates   iv
Stalagmvs

Ty. Vidi ego multa saepe picta, quae Accherunti fierent
  cruciamenta, uerum enim uero nulla adaeque est Accheruns
1000 atque ubi ego fui, in lapicidinis.   illic ibi demumst locus
  ubi labore lassitudost exigunda ex corpore.
  nam ubi illo adueni, quasi patriciis pueris aut monerulae   5
  aut anites aut coturnices dantur, quicum lusitent,
  itidem haec mihi aduénienti upupa qui me delectem datast.
1005 sed erus eccum ante ostium, et erus alter eccum ex Alide
  rediit.   He. salue, exoptate gnate mi.   Ty. hem, quid
      'gnate mi'?
  attat, scio qur te patrem adsimules esse et me filium :   10
  quia mi item ut parentes lucis das tuendi copiam.
  Philoc. salue, Tyndare.   Ty. et tu, quoiius caussa hanc
      aerumnam exigo.
1010 Philoc. at nunc liber in diuitias faxo uenies.   nam tibi
  pater hic est ; hic seruos qui te huic hinc quadrimum
      surpuit,
  uendidit patri meo te sex minis, is te mihi   15
  paruolum peculiarem paruolo puero dedit
  illi ; ⟨hi⟩c indicium fecit ; nam hunc ex Alide huc reddu-
      cimus.
1015 Ty. quid huius filium?   Philoc. intus eccum fratrem
      germanum tuom.
  [Ty. quid tu ais? adduxtin illum huius captiuom filium?

  1001 est *Bentley* : est [omnis] *cod.* (ŏms *ex* -omst *supra* -ost *scripto* ?)
  1003 i lusitent *J (et fort. cod.)*   1004 mihi haec P^E   deléctem
  Lambinus : delectet *cod.*   1005 ostiumst ; erus *Brix*   1006 ⟨o⟩
  salue *Spengel, cui hiatus* salue | ex. *displicet*   1007 esse adsimules
  Guietus   1008 *accedit A ; pauca in initiis leguntur usque ad* 1015
  1009 exi⟩guo *A (cum B)*   1014 illi hic *scripsi* : illic *P* : ill . . .
  A : id hic' (?) *Leo*   reduximus *Pareus (A n. l.)*   1016–22 *om.*
  A : ' apparet duplicem fabulae exitum (1009–15, 1023 sqq. *et* 1009,
  1016–22, 1024 sqq.) *in P coniunctum esse.' Leo.   Antiqua forma regre-*
  dior (v. 1023) *Plautinam esse recensionem ab A conservatam declarat*
  1016 h. filium captiuum *cod.* : *trai. Pylades* : c. h. filium *Fleckeisen*

20 PHILOC. quin, inquam, intus hic est. TY. fecisti edepol et
recte et bene.
PHILOC. nunc tibi pater hic est: hic fur est tuo' qui paruom
hinc te apstulit.
TY. at ego hunc grandis grandem natu ob furtum ad carnuficem dabo.
PHILOC. meritus est. TY. ergo edepol ⟨merito⟩ meritam 1020
mercedem dabo.
sed ⟨tu⟩ dic oro: pater meu' tune es? HE. ego sum,
gnate mi.
25 TY. nunc demum in memoriam redeo, quom mecum recogito.]
nunc edepol demum in memoriam regredior audisse me,
quasi per nebulam, Hegionem meum patrem uocarier.
HE. is ego sum. PHILOC. compedibus quaeso ut tibi sit 1025
leuior filius
atque huic grauior seruos. HE. certumst principio id
praeuortier.
30 eamus intro, ut arcessatur faber, ut istas compedis
tibi adimam, huic dem. ST. quoi peculi nihil est, recte feceris.

CATERVA

Spectatores, ad pudicos mores facta haec fabula est,
neque in hac subigitationes sunt neque ulla amatio   1030
nec pueri suppositio nec argenti circumductio,
35 neque ubi amans adulescens scortum liberet clam suom
patrem.
huius modi paucas poetae reperiunt comoedias,
ubi boni meliores fiant. nunc uos, si uobis placet
et si placuimus neque odio fuimus, signum hoc mittite: 1035
qui pudicitiae esse uoltis praemium, plausum date.

1020 merito *add. Gruterus* · 1021 tu *add. Havet*   1022 recogito *Gruterus*: cogito *cod.*   1023 audissem me *P*: redisse me *A*   1025 is *om. P*   1026 huic] hic *P*   principium *P*   1030-6 *in A nihil legitur nisi primae litterae versuum* 1031 *et* 1034

FRAGMENTVM DVBIVM   Nonius 220 pilleus generis masculini. Plautus Captiuis: pilleum Quem habuit deripuit eumque ad caelum tollit. *In nomine fabulae erratum esse uidetur*

Abbreviations

cf.	=	"compare"
sc.	=	"supply, add"
<	=	"from"
>	=	"becomes, yields"
b.b.	=	*brevis brevians* (see metrical introduction)
n.	=	"neuter noun"
AG	=	Allen and Greenough, *New Latin Grammar*
Bennett	=	C.E. Bennett, *Syntax of Early Latin*
Lindsay	=	W.M. Lindsay, *The Captivi of Plautus*
Lindsay, *Syntax*	=	W.M. Lindsay, *The Syntax of Plautus*

COMMENTARY

ARGUMENTUM: This acrostic summary of the plot is a post-Plautine addition to the *Captivi*. Its author is unknown. The pre-classical spelling (CAPTEIVEI) allows for the maximum number of verses to express a complicated argument.

Meter: Iambic senarius (six iambic feet, ⌣ -). Substitutions are allowed in all but the sixth foot, which must be an iamb. The fifth foot is a pure iamb only if it begins a word or phrase that leads into the sixth. Caesura occurs in the third or fourth foot. The following substitutions are allowed: ⌣ ⌣ -, - -, ⌣ ⌣ ⌣, - ⌣ ⌣, ⌣ ⌣ ⌣ ⌣.

    - - | -   - | -   - |⌣-| - -|⌣-
Captust in pugna ʌ Hegionis filius (1)
Note: Hiatus occurs after *pugna* at the caesura.

1   **Captust** = *Captus est*. In early Latin final *s* was pronounced only slightly after a short vowel; hence, *Captus est* > *Captu' est* > *captust* by prodelision. Compare *domist* (= *domi est*) at 29.
    Hegionis: "of Hegio," the *senex* in the play.
2   **Alium:** sc. *filium*. Hegio had two sons; hence, *alium* stands for *alterum* ("the other") here and at 9.
    quadrimum: "of four years, four years old."
    fugiens: "runaway."
3   **commercatur** < *commercor*, "buy up, trade"; deponent.
    Aleos = *Eleos* < *Eleus*, "Elean." Elis was a town in Greece, located to the south of the gulf of Corinth in the western Peloponnesus. During a war between the Eleans and Hegio's people, the Aetolians, the son referred to in verse 1 was captured. *Aleos:* Scan - ⌣ -.
4   **Tantum:** "to such an extent, so"; adverbial accusative.
    natum < *nascor*, "spring from, be born"; here used as a substantive, "son."
    <captum>: Angle braces indicate that a word has been supplied by the editor.
    recuperet < *recupero*, "recover."
5   **inibi:** "in that place," i.e., Elis. Hiatus occurs after *inibi*.
    emit: perfect; < *emo*, "buy."
    olim amissum filium: "long-lost son"; see on 2.
6   **Is:** i.e., the lost son who, stolen many years before, had been sold into slavery in Elis.
    veste versa ac nomine: ablative absolute; *versa* = *commutata*, "exchanged."
7   **amittatur** = *dimittatur*, "sent away"; present subjunctive in a substantive clause of result with *ut ... fecit* ("he brought it about that ..."). The present subjunctive rather than the imperfect is used *metri causa*. The subject is *dominus* in 6.
    ipsus: an early form of *ipse*. The reference is to the "lost son."

8   **plectitur** < *plecto*, "punish, beat."
      is: i.e., the *dominus* in 6.
      captum: sc. *filium*.
      fugitivum: i.e., the slave mentioned in 2.
9   **Indicio:** "disclosure"; ablative.
      cuius: refers to the fugitive slave.
      alium ... filium: See on 2.
      agnoscit < *agnosco*, "recognize, acknowledge." The subject is Hegio.

PROLOGUS

Whether the prologue of the *Captivi* as it stands here is the work of Plautus is a matter of controversy among scholars. Its primary function, however, is clear: to secure the attention of an unruly and boisterous audience imbued with the holiday spirit and to set forth the plot of the play. The prologue was spoken by an actor referred to as the *Prologus*.

The scene is a street before the house of Hegio, in an Aetolian city in western Greece. The two captives, bound together with heavy chains, stand in the foreground, as the Prologus explains the plot of the play.

Meter: Iambic senarius. See on the Argumentum.
      -   - | ᴗ -|-   - | - -|- - | ᴗ-
Hos quos uidetis ʌ star(e) hic captiuos duos (1)

1   **Hos ... captiuos duos** = *Hi captiui duo*. This phrase is the antecedent of the relative clause and has been attracted into the case of the relative pronoun *quos* (*AG* 306a and NOTE).
      hic: "here."
2   **illi ... ambo:** parenthetical. *illi*: those members of the audience who have arrived late at the theater and cannot find seats, contrasted with *hi*, the *captiui*.
      ambo: "two, both."
3   **hoc:** i.e., *stare captiuos*.
      testes < *testis*, "witness"; predicative nominative.
      me ... loqui [< *loquor*]: indirect statement, dependent on *uos testes estis*, a phrase equivalent to a verb of saying.
4   **hic habitat Hegio ... huiius:** alliteration, a common feature of early Latin. *huiius* = *huius*. Here the Prologus points to one of the captives.
5   **quo pacto:** "in what way, how"; introduces an indirect question which depends on *proloquar* in 6.
      seruiat: "be a slave (to), serve," + dative.
      suo sibi: "his own." *sibi* strengthens the idea of possession contained in *suo*, while also emphasizing the interest of the person affected. The usage is colloquial. *sibi* is probably a dative of reference or ethical dative.
6   **id:** "this"; object of *proloquar*, in apposition with the indirect question in 5.

      hic: "here," i.e., "here and now."
      si operam datis: "if you pay attention." *datis:* the present indicative in the protasis of a future more vivid condition is colloquial. *Operam dare* has the additional meaning "to bestow labor or pains on anything."

7   **fuerunt ... nati** [< *nascor*] = *sunt nati*, "were born."
8   **alterum:** "the one (of two)."
      seruos = *seruus*. Early Latin uses *o* before -*s* and *m* in the nominative and accusative of the second declension after *u* (either vowel or consonant); thus, *fugitiuos* = *fugitiuus* (17), and *suom* = *suum* (28).
      surpuit = *surripuit* < *surripio*, "snatch away secretly." The form is shortened (syncopated) *metri causa*.

9   **profugiens:** "escaping."
      uendidit: Scan - ᴗ -; in early Latin the third person singular ending of the perfect indicative had a long *i*.
      in Alide [< *Alis*]: "in Elis." In colloquial usage the preposition frequently occurs with the names of towns and small islands.

10   **huiiusce** = *huius* + the emphatic suffix *ce*, "of this one here." Note the hiatus (indicated by the vertical bar in the text) after *patri*.
      tenetis: "you understand." The interrogative particle with questions is often omitted in Plautus.
      optumest = *optime* + *est:* "that's excellent." *optume* is an early form of *optime;* thus, *ultumus* = *ultimus* (11), *planissume* = *planissime* (74), and *maxume* = *maxime* (99). Here *optume* is a predicate adverb.

11-16 The Prologus digresses from his exposition of the plot to address a member of the audience.

11   **negat:** Scan ᴗ -; in early Latin the third person singular ending is long if the vowel in the second person singular of the same tense is long.
      hercle [= *hercule*]: "by Hercules"; a mild oath. In Plautus *u* is sometimes lost (by syncope) between *c* and *l;* thus, *uinclis* = *uinculis* (204).
      illic = *ille* + -*ce;* "that one there." Compare *huiiusce* at 10.
      ultumus: See on 10. The Prologus is referring to someone at the back of the theatre. Scan - ᴗ -. A short final syllable may be counted as long at a marked pause in the line.
      accedito: "let him approach"; future imperative, here equivalent to a present imperative.

12   **ubi sedeas ... ubi ambules:** relative clauses of purpose; *ubi* = *ut ibi; est ubi* = *est locus ubi*.

13   **quando:** causal.
      histrionem < *histrio*, "actor."
      mendicarier: archaic passive infinitive < *mendicor*, "beg," perhaps for quiet. Passive infinitives in *ier* occur in Plautus at the end of a verse *metri causa*.

14   **tua caussa:** "for your sake"; ablative. *caussa* is an early form of *causa*. Double *s* in early Latin was later reduced to *s* after a long vowel or diphthong.

Plautus, *Captivi* 11

ne erres: either "to keep you from misunderstanding the plot," negative clause of purpose; or "do not err, make no mistake," negative command (prohibition).
rupturu' = *rupturus* < *rumpo*, "break, burst, injure." For final *s*, see on Argumentum 1. In this text an apostrophe is often printed in place of final *s*.

15 **uostra:** an early form of *uestra*, ablative with *ope* < *ops*, "means, resources." Early *uo* became *ue* before *r, s, t;* thus, *uorsus* = *uersus* (56).
censerier < *censeo*, "tax, rate"; for the form, see on 13. The reference is to those members of the audience who would be counted by the *censor* as owners of taxable property, and hence could afford to pay for their own seats.

16 **accipite relicuom** [= *reliquum*]: "take the remainder (of the debt)," i.e., "hear the rest (of the plot)."
alieno uti nil moror: "I do not care to use another's (property)," i.e., "I don't want to be in debt." The Prologus means that he "owes" his paying customers a prologue and wishes to discharge this obligation without interruption. *alieno:* "belonging to another"; ablative with *uti* (< *utor*, "use"); *nil* (= *nihil*) *moror:* here, "I care nothing about."

17 **fugitiuos:** i.e., the *seruos* referred to in 8; for the form, see the note there.
ut ... ante: The Prologus returns to his outline of the plot.

18 **profugiens:** modifies *fugitiuos* in 17.
apstulerat = *abstulerat* < *aufero*, "take away, carry off."

19 **is:** refers to *patri* in 17.
emit: perfect.
gnato = *nato:* See on Argumentum 4.

20 **peculiarem:** "one's own"; here "as his own"; modifies *eum* in 19.
quasi una: "about the same." Both boys were four years old at the time.

21 **hic:** Hegio's son, stolen years before.
domi: locative.

22 **enim:** "indeed." This word is not always post-positive in early Latin.
di < *deus;* nominative plural.
quasi = *quam si*, "as if."
pilas: "balls," i.e., "playthings."
habent: here "treat."

23 **rationem habetis:** "you have an accounting," i.e., "you understand." The metaphor of accounts is continued from 16.
amiserit: "lost"; perfect subjunctive in indirect question. The subject is Hegio.

24 **belligerant** [< *belligero*, for *bellum gero*]: "wage war." The present tense is employed for the perfect (historical present) after *postquam*.
Aetoli: "Aetolians." Aetolia was located in western Greece, north of the Gulf of Corinth.
cum: Hiatus occurs between *cum* and *Aleis* as indicated by the vertical bar in the text.

25 **ut fit** [< *fio*]: "as (commonly) happens," i.e., "as usual"; scan *fit* long (for the explanation see on 11).
     capitur: historical present.
27 **coepit:** "began."
     hic: "he," i.e., Hegio.
28 **si ... posset:** "[to see] if he could discover anyone, in the hope of discovering someone"; indirect question (*AG* 576a and NOTE). *quem*: the indefinite pronoun *quis* is used instead of *aliquis* after *si, num, nisi, ne*.
     qui: an early form of *quo* or *qua;* here *quo* is meant.
     mutet < *muto*, "exchange, get in exchange." Here the present rather than the imperfect subjunctive is employed. Plautus does not always follow the classical rules for the sequence of tenses (Lindsay, *Syntax* 56, 10).
29 **suom:** predicate accusative in agreement with *hunc*, "this one is his own son."
     domist: For the form, see on Argumentum 1.
30 **indaudiuit:** "heard, learned" (especially something secret). The prefix *ind-* (*indu-, indo-, endo-*) is an early form of *in*.
30f **de summo loco summoque genere:** "of highest rank and birth"; ablative of description, with the prepositional phrase instead of the simple case.
31 **equitem Aleum:** subject accusative in indirect statement.
32 **nil** [= *nihil*]: "not at all."
     parsit = *pepercit* [< *parco*, "spare"]; + dative.
     dum: introduces a clause of proviso ("provided that ...").
33 **reconciliare:** "to bring back"; sc. *eum*.
     domum: "(to) home"; accusative of place to which.
34 **hosc'** = *hosce* (*hos* + *-ce*), with *ambos:* "both of these here." Final short *e* of certain pronouns, adverbs, and conjunctions was suppressed in early Latin before a consonant. In this text an apostrophe is sometimes printed in place of final *e;* compare *und'* for *unde* (109).
     de quaestoribus: A *quaestor* was a Roman magistrate whose legal and financial duties included selling the booty which the army had acquired in war. Although the *Captivi* is a *fabula palliata* (see Preface), the play contains frequent Roman allusions.
35 **hisce** = *hi* + *-ce:* "these here"; nominative plural. In early Latin *hisce, illisce,* and *istisce* are found for the nominative plurals *hi, illi,* and *isti*. These forms appear in Plautus when the next word begins with a vowel.
     confinxerunt: < *confingo,* "devise."
36 **erum:** "master."
     amittat: See on Argumentum 7; present subjunctive in a purpose clause.
38 **illic:** See on 11.
     Philocrates ... Tyndarus: The captives are named for the first time. Tyndarus, the slave, is the long-lost son of Hegio, sold to the father of Philocrates in Elis many years before.

39 **huius illic hic illius:** chiasmus, here genitive nominative nominative genitive. The Prologus points to each of the captives.
   fert [<*fero*] ... **imaginem:** "bears the appearance."
40 **hic:** i.e., Tyndarus; scan as short.
   expediet < *expedio,* "arrange, work out."
   docte: "skillfully."
   fallaciam <*fallacia,* "trick, deception."
41 **compotem** < *compos,* "possessed of"; + genitive.
42 **fratrem ... suom:** Philopolemus, the son of Hegio captured by the Eleans.
43 **reducem** < *redux,* "restored"; *reducem faciet:* "he will bring back, he will restore."
   in patriam ad patrem: "into his fatherland to the house of his father"; figura etymologica.
44 **inprudens** = *imprudens:* "unforeseeing," i.e., "unaware."
   itidem ut: "just as." The Prologus indulges in a bit of homespun philosophy; compare 22.
45 **plus ... boni:** "more good." *boni* is partitive genitive.
   quis: "someone, somebody."
46 **sua sibi:** "their own"; see on 5. The deception is theirs both because they planned it and because they themselves are deceived.
   fallacia < *fallax,* "deceptive"; neuter plural. Contrast with *fallaciam* at 40.
47 **compararunt** = *comparauerunt,* "have prepared with zeal"; syncope.
48 **commenti** [*sunt*] < *comminiscor,* "consider thoroughly."
   de sua sententia: "in accordance with their own planning, at their suggestion."
49 **hic:** i.e., Tyndarus.
50 **ignorans:** sc. *eum; ignoro* ("be ignorant, not to know, disregard") is always transitive in Plautus.
51 **quanti:** *quantus* means "of what size," i.e., both "how great" and "how small"; here "how insignificant."
   quom: an early form of *cum* ("when").
   recogito: "think over, consider, reflect upon (once again)."
52 **res:** "plot," here with the added meaning of "reality," in contrast with *fabula* ("fiction"). The chiasmus (*res ... nobis uobis fabula*) emphasizes this contrast.
   agetur: "will be acted."
53 **est ... quod:** "there is that which," i.e., "there is something."
   paucis: sc. *uerbis.*
   monitos: "advised (of)."
   uoluerim < *uolo*; perfect subjunctive in a relative clause of characteristic.
54 **profecto:** "by all means."
   expediet: "it will be profitable."
55 **pertractate:** "in the hackneyed fashion." This statement is explained in 57-58.

14 Plautus, *Captivi*

56 **spurcidici:** "obscene."
uorsus: See on 15.
inmemorabiles: "not to be repeated." Adjectives in *-bilis, -e* expressing necessity are common in Plautus.
57f **hic:** "here."
The *leno* ("pimp"), *meretrix* ("harlot"), and *miles gloriosus* ("braggart soldier") are stock characters of the Greek New Comedy on which Plautine comedy was based. Plautus aims in this play for a more lofty tone.
ne uereamini: present subjunctive; prohibition (negative command).
59 **Aetolis:** dative of possession.
60 **foris illi** [= *illic*]: "outside there"; pleonastic with *extra scaenam*.
fient < *fio;* "will take place."
61 **iniquomst** = *iniquum est*, "it is unfair."
comico choragio: "with equipment pertaining to comedy."
62 **conari ... nos:** "(for) us to try"; accusative and infinitive in apposition with *hoc ... iniquomst* in 61.
desubito = *de + subito*, "all of a sudden." The prefix *de-* intensifies the word to which it is attached.
63 **proin** = *proinde*, "accordingly."
litis [< *lis*] **contrahat:** "let him bring about a lawsuit or quarrel (with me)." *contrahat* is jussive subjunctive.
64 **ualentiorem:** "too strong."
nactus < *nanciscor*, "obtain, stumble upon"; with *erit* in 65.
aduorsarium: "antagonist." The Prologus is referring to himself.
65 **faciam:** apodosis of a future more vivid condition introduced by *si nactus erit*, and introducing a substantive clause of result, "I shall bring it about that ...."
66 **adeo ut:** "to the end that."
omnis: sc. *pugnas*.
oderit < *odi;* perfect (= present) subjunctive in a purpose clause.
67 **iudices:** The spectators' judgment was important in awarding prizes to the actors.
68 **domi, duellique** [= *bellique*]: "at home and in war"; locatives.
duellatores: an early form of *bellatores*, "warriors."
The Prologus leaves the stage.

ACT I, SCENE i
Ergasilus, the parasite, arrives from the forum. He begins by introducing himself to the spectators.

Meter: Iambic senarius.
    - ᴗ ᴗ | ᴗ -|ᴗ   ᴗ ᴗ |-   - | - -|ᴗ-
  eo qui(a) inuocatus ʌ sole(o) ess(e) in conuiuio (70)
Note: *eo* is treated as one syllable by synizesis. *in-* is short by *brevis brevians*.
  - us is short because the final *s* does not close the syllable.

69 **indidit** < *indo*, "give to, apply."
Scorto < *scortum*, "prostitute (male or female)"; dative, the name being in apposition with the person (*mihi*) rather than in the accusative with *nomen* (*AG* 373a and NOTE).
70 **eo quia:** "for this reason, because," i.e., "because."
inuocatus [*in* + *uocatus*]: "uninvited"; but see on 73.
71 **scio ... dicere:** two indirect statements. *scio* introduces *derisores dicere*, which introduces *hoc dictum* (*esse*).
apsurde = *absurde*, "foolishly, to no point," i.e., the nickname *Scortum* is silly.
derisores: "jesters," i.e., his fellow parasites.
72 **aio:** "say"; defective verb.
recte: "correctly," in contrast with *apsurde* in 71.
scortum: "mistress"; object of *inuocat* in 73 and repeated there for effect.
73 **sibi:** "for himself," i.e., for good luck; dative of advantage.
talos: "dice, knuckle-bones." The guests at a banquet cast lots for turns in drinking. As each threw the dice, he called out his girlfriend's name (*scortum inuocat*) for good luck.
quom: See on 51.
74 **<scortum>:** See on Argumentum 4.
planissume: "most clearly, yes."
75 **uerum** = *sed*.
uero: "in truth."
planius: "more clearly"; sc. *inuocati sumus*.
76 **numquam quisquam neque ... neque:** an example of the tendency in colloquial speech to reinforce negative expressions. This is a form of pleonasm and is here emphatic with *uerum hercle uero*.
77 **quasi** = *quam si*, "as if."
mures < *mus*, "mouse."
edimus < *edo*, "eat."
78 **res prolatae sunt:** "matters of business have been put off (adjourned)," i.e., during vacations or on public holidays.
rus: accusative of place to which.
eunt < *eo*.
80 **caletur** [< *caleo*]: "there is warming, it is warm"; impersonal passive.
81 **uiuont** = *uiuunt*. In early Latin *-ont* (*-ontur*) appeared for later *-unt* (*-untur*) in the third person plural.
82 **rebus prolatis:** ablative absolute.
83 **uictitant** [frequentative of *uiuo*]: "keep on living," i.e., "support themselves."
84 **dum:** "while."
rurant < *ruro*, "live in the country"; coined by Plautus for the figura etymologica with *ruri* (locative).
ligurriant: "daintily feed on."
85 **uenatici:** "hunting"; sc. *canes*. Such dogs were lean and hungry.
86 **res redierunt:** i.e., "business has resumed" after vacation.

86f **Molossici:** sc. *canes*. Molossians were large watch-dogs, known for their voracious appetites. *Molossici, odiossici* ("troublesome"), *incommodestici* ("disagreeable") are coined from *molossus, odiosus*, and *incommodus*, after the manner of *uenatici* (85); to suggest, comically, other breeds of dogs.
multum: "very"; frequently modifies adjectives (never adverbs) in Plautus.
88 **hic:** "here (in this city)."
qui: "any"; with *parasitus* (89). The indefinite adjective *qui* is used instead of *aliqui* after *si, num, nisi, ne*. See on 28.
colaphos: "clouts on the head."
89 **potes:** perhaps a corruption of *potis (est)*, an old form of *potest* (Lindsay). The subject is *qui parasitus*.
aulas: an early form of *ollas < olla*, "pot."
90 **uel:** "certainly, even."
portam Trigeminam: The Porta Trigemina was a gate with three archways at the foot of the Aventine hill near the Tiber. Note that although Plautus has set the scene of the play in Greece, Ergasilus speaks as though he were at Rome.
saccum: "porter's sack." The parasite will have to find some way of earning a living.
91 **quod:** "which." The reference is to *uel ... licet* (90).
ne eueniat: "may happen"; present subjunctive in a clause of fearing introduced by *non nullum periculum*, "some danger."
92 **rex:** "patron," i.e., Philopolemus.
est potitus [< *potio* (4)]: "was put under the power of"; + genitive. Verses 93-97 are parenthetical; the thought begun in this verse is resumed at 98.
94 **illi** = *illic*, "there."
96 **senis** [< *senex*]: genitive, in apposition with *Hegionis* in 95.
aedes < *aedis*. The plural means "house," in the sense of a collection of rooms. It is logically in apposition with *hic* ("here"), but has been attracted into the case of the relative pronoun. Compare on 1.
lamentariae: "mournful, causing tears"; a Plautine coinage.
97 **quotiensquomque** = *quotienscumque*, "whenever."
98 **hic:** "here."
occepit: an early form of *incepit < incipio*, "begin." The subject is Hegio.
quaestum: "trade," i.e., in slaves.
gratia: "for the sake of"; + genitive.
99 **inhonestum:** since he is trading in slaves as opposed to buying them for his own use.
100 **queat** = *possit*. For the construction, see on 28.
102 **nimis:** "excessively." It is strengthened by *quam*, which is added enclitically.
cupio ... impetret: possibly a post-Plautine addition, since Plautus never uses *ut* + the subjunctive with *cupio*. His usual expression is

cupio + infinitive (Lindsay). The daggers indicate an irremediable corruption in the text.
103 **ni** = *nisi*.
nihil ... recipiam: "there is nothing to where I might betake myself," i.e., "there's no way for me to get back, I have no escape."
104 **sese ... amant:** "are selfish." This verse is unmetrical and probably corrupt, but the sense is clear: Ergasilus can hope for nothing from the young men of the town.
105 **ill' demum** = *ille demum*, "he especially." *demum* emphasizes the distinction between Philopolemus and the other young men.
106 **quoius:** an early form of *cuius*.
tranquillaui < *tranquillo*, "make clear, brighten."
gratiis: an early form of *gratis*, "without reward, for nothing."
107 **condigne:** "very worthily."
eius: refers to Philopolemus and may be translated both with *pater* ("his father") and with *moribus* ("in his character").
moratus: "having certain manners or customs, constituted."
109 **saturitate ... ebrius:** "with satiety ... drunk." Both words occur at emphatic positions in the verse.

Act I, SCENE ii
Hegio and the overseer of his slaves come out of the house. The old man addresses his overseer as Ergasilus, unseen by them, retires to the side.

Meter: Iambic senarius.

    - - | ᴗ ᴗ - |- ᴗ ᴗ| - - |- - | ᴗ -
   Aduort(e) animum sis ʌ tu istos captiuos duos (110)
Note: *tu* is short by prosodic hiatus. *is*- is short by *b.b.*

110 **sis** = *si uis*, "if you wish, if you please."
tu: "Hey, you." The express use of the personal pronoun as subject is emphatic; here it has a brusque effect, as Hegio addresses the *lorarius*, a slave who punished other slaves with the lash (*lora*, neuter plural).
istos captiuos duos: See on 1. Logically, in apposition with *is* (= *iis, eis*) in 112.
112 **indito:** See on 69; future imperative (compare *demito* and *sinito* in 113-114).
singularias: "separate" and apparently lighter; Philocrates and Tyndarus had been bound together *maioribus catenis* (113).
113 **demito** < *demo*, "take away."
114 **si ... si** = *siue ... siue*, "whether ... or."
foris ... intus: "outdoors ... indoors"; adverbs expressing place where.
115 **uti [= *ut*] adseruentur:** jussive ("let them be guarded"), with *uti* highlighting the imperative.
magna diligentia: ablative of manner.
116 **liber captiuos:** i.e., a captive who is permitted a certain freedom.

consimilis: *similis* and its compounds are usually found with the genitive in Plautus.

117f **si data est occasio ... :** present general condition (*AG* 518b); *occasio*, "opportunity."

118 **postilla** [*post* + *illa*]: "after that," i.e., "afterwards."
possis: "would you be able," i.e., if you should try.
prendere = *prehendere* (by syncope), "to catch hold of"; sc. *eum*.

119 **lubentius** < *libenter;* "more willingly."

120 **non uidere** [= *uideris*] **ita tu:** "you do not seem so," i.e., to wish to be free rather than a slave.
quidem: "indeed, certainly"; strengthens the preceding word.

121 **quod dem** [< *do*]: relative clause of purpose. Here *dem* means "pay (for my liberty)." Punning on *do* continues, i.e., *me ... dem ... in pedes* (121) and *dederis* (122) = "flee"; (*quod*) *dem* (122) = "pay" (with the idea of punishment); *dabo* (124) = "put."
uis dem: reflects an early stage in the language when simple sentences were arranged side by side without grammatical subordination (parataxis), e.g., "do you wish?" + "am I to give?" Later a feeling developed for the subordination of ideas, reflected in the complex sentence (hypotaxis), "do you wish that I should give?" (*AG* 565 and NOTE).

123 **ut praedicas** [< *praedico* (1)]: "as you assert, as you say."

124 **faxis:** an early form of *feceris* (future perfect).
caueam: "bird-cage." Hegio hints at relegation to the mills, where recalcitrant slaves were sent to do hard labor.

125 **cura ... abi:** The word order reverses the sequence in which the actions are to take place (hysteron proteron). The *lorarius* now leaves the stage.

126 **ad fratrem:** Apparently Hegio had bought too many captives to keep in his own house.

127 **nocte hac:** "last night," as here, with the perfect.
quippiam: "anything" (< *quispiam*).
turbauerint: perfect subjunctive in a clause of fearing, implied after *uisam* ("I shall go to see [fearing that] ..."). Bennett, 1.254.

128 **rusum** = *rursum*, "again."
domum: See on 33.
As Hegio moves to go to his brother's house, Ergasilus speaks to get his attention.

129 **aegre est mi:** "It is grievous to me, I am grieved"; with accusative and infinitive. *aegre* is a predicate adverb. *mi* = *mihi*.
hunc: i.e., Hegio, with *miserum senem* in 130.
facere: "practice, follow," when applied to a profession or trade, as here with *quaestum carcerarium* ("occupation of keeping a prison").

131 **ullo pacto:** "by any means."
ille: Hegio's son, Philopolemus.

132 **uel:** See on 90.
carnuficinam [= *carnificinam*]: "office of executioner or hangman," with *facere;* see on 129.

137 **aliquantillum:** "very little."

id: antecedent of *quod.*
beat: "delights, gives pleasure."
139 **ne fle** [< *fleo,* "weep"]: prohibition (negative command); followed by hiatus.
defleam: "weep excessively for."
141 **illum:** sc. *esse amicum.*
142 **tum denique:** "then indeed" (and not before).
nostra intellegimus bona: "appreciate our blessings."
144 **potitust** = *potitus est.* See on 92.
145 **quanti:** "of how great (a value), how dear"; genitive of value; introduces indirect question.
desidero: "desire" (what has been lost), i.e., "miss [him]."
146 **alienus:** "(although) not related."
quom ... feras: causal; usually with the indicative in Plautus, but here with the subjunctive.
147 **par:** "suitable"; in predicate.
quoi: an early form of *cui.*
unicus: sc. *filius.* The other son, Tyndarus, had long been given up for lost.
148 **aha:** "ah, no!" expressing surprise and denial; followed by hiatus.
149 **istuc** = *istoc,* "this (very thing)"; object of *dixis* and *animum induxis.*
dixis ... induxis: early forms of *dixeris* and *induxeris;* perfect subjunctive in prohibition. *animum induxis:* "bring one's mind to," i.e., "imagine."
150 **unico:** ablative of comparison.
151 **quom ... ducis** ["consider"]: See on 146 for mood.
152 **habe bonum animum:** "be of good courage, buck up." Hiatus occurs here with the change of speaker.
huic: "to this," i.e., to his stomach, or "to this one, to me." Hiatus occurs between the interjection *eheu* and *huic.*
dolet: here impersonal: "causes grief (to)"; + dative.
153 **quia** = *quod,* "the fact that," introducing a clause in apposition with *illud.*
remissus est ... exercitus: "army has been dismissed." To prepare a banquet on a magnificent scale, a large "army" of servants and cooks was employed. *Remittere exercitum and imperare exercitum* (155) are technical expressions meaning to "dismiss" and "convoke" the assembly of the people in the *centuria comitiata,* originally a military organization. Ergasilus means that since his benefactor, Philopolemus, has been captured, he has lost a steady source of meals.
154 **nactu's** = *nactus es* < *nanciscor,* "get, acquire."
155 **remissum:** sc. *esse.*
dixti = *dixisti;* syncope.
156 **fugitant** [frequentative of *fugio*]: "keep on fleeing," i.e., "avoid."
prouinciam: "charge, duty."
157 **quoi:** The antecedent is Philopolemus; for the form, see on 147. Scan

Plautus, *Captivi*

158 optigerat = *obtigerat* [< *obtingo*], here "it had befallen." Scan ⏑⏑⏑-.
non ... mirandum est: "it is not to be wondered at, it is not surprising"; governs (*omnes*) *fugitare*.
159 multigeneribus: "of many kinds"; a Plautine coinage; ablative with *opus est*.
160 primumdum: "in the first place." *dum* is an intensifying suffix.
160-63 Pistorensibus: "(an army of) Pistorians," a pun on Pistoria (a town in Etruria) and *pistor* ("miller," later "baker"). Similar punning continues with *Panicis* ("people from Breadville" and *panis*, "loaf"), *Placentinis* ("people from Placentia," a town in North Italy, and *placenta*, "cake"), *Turdetanis*, "Turdetans," from the Turdetani, a tribe in Southern Spain, and *turdus*, "thrush"), and *Ficedulensibus* ("bird sellers" from *ficedula*, "a small bird").
164 iam: "even."
maritumi omnes milites: i.e., "all the fishermen."
opu': "necessity"; here a predicate nominative, with the thing needed as the subject (*AG* 411b).
165 ut: "how"; here introducing a sarcastic remark.
166 priuatus: "private citizen." With no military office, Hegio yet displays the skills of a brilliant general.
167 modo: "only."
168 in his diebus: i.e., "in a few days."
reconciliassere: < *reconciliare* (see on 33); an old form of the future active infinitive.
169 eccum: = *ecce* + *eum;* "behold this, see this."
170 prognatum = *natum*.
ditiis < *ditiae*, contracted form < *diuitiae*.
171 hoc: ablative with *mutare;* compare *qui* in 28.
me mutare: indirect statement.
fore = *futurum esse*.
172 faxint: an early form of *fecerint* (perfect subjunctive, optative). The perfect subjunctive in a wish is archaic.
quo: "where."
foras: "outdoors"; here place to which. Compare *foris* [see on line 114].
173 uocatus: "invited."
quod sciam: "as to what I know," i.e., "so far as I know"; relative clause of characteristic expressing restriction or proviso (*AG* 535d).
174 quid: "why?"
174f A person celebrating his birthday usually provided the birthday dinner. He did not seek an invitation from another.
176 facete: "cleverly, wittily"; with *dictum*.
pauxillum: "a little"; adverbial.
177 ne ... modo = *dummodo ne*, in a negative clause of proviso: "provided that [it is] not."
perpauxillum: "too little."

Plautus, *Captivi* 21

178 **istoc:** refers to *perpauxillum* in 177; modifies *uictu.*
adsiduo: probably the adverb, "constantly."
179 **age** [< *ago*]: "come on"; imperative.
sis: See on 110.
roga emptum: "ask to buy," i.e., "make a bid"; *emptum* is supine of purpose. The invitation assumes the form of an auction, with Ergasilus the property for sale as well as the auctioneer.
179f **nisi ... magis:** This is probably a parody of a legal phrase. We should expect *condicio* to be in the accusative like its modifier *meliorem*, but it has been attracted to the case of the relative pronoun *quae*. Compare on 1.
181 **quasi ... uendam:** "as if I were selling"; conditional clause of comparison (*AG* 524).
meis ... legibus: "on my terms."
addicam: "adjudge to the highest bidder, knock down."
182 **profundum:** "abyss," a pun with *fundum* ("a piece of land"). Ergasilus' stomach is a bottomless pit.
hau = *haud*. Plautus uses the shortened form before consonants.
183 **temperi:** "at the right time," i.e., "on time, early"; adverb. Sc. *ueni*.
em: "look here."
iam: "now."
184 **uenare** [< *uenor*]: "hunt"; imperative.
leporem < *lepus*, "hare."
irim: an old name for *ericius*, later *erinaceus* (both derived from *iris*), "hedgehog, weasel." If Ergasilus wants an elaborate dinner, he will have to hunt for it.
185 **commetat** < *commeto*, "come and go, travel along"; here with cognate accusative.
186 **postules:** "expect," a common meaning in colloquial Latin.
187 **calceatis** < *calceo*, "shoe, provide with shoes." *calceatis dentibus:* "with teeth provided with shoes," i.e., with teeth prepared for Hegio's rough fare.
tamen: "for all that, yet"; emphatic by position.
188 **sane:** "very, exceedingly."
sentis: "thornbushes, briars"; accusative plural.
essitas < *es(s)ito*, frequentative of *edo*, "eat habitually, gobble up."
189 **terrestris:** "earthy."
sus: "pig," a favorite and luxurious dish.
190 **multis holeribus:** "of many vegetables"; ablative of description with *cena* (189), but Ergasilus understands it as ablative of means with *curato* (future imperative < *curo*, "take care of").
aegrotos: "the sick."
191 **numquid uis:** "do you wish anything else? will that be all?" A polite expression of farewell.
uenias: present subjunctive, indirect command (*AG* 563, 565); understood as Hegio's response to *numquid uis*.

memorem mones: "you are warning (one already) mindful," i.e., "your request is unnecessary"; a proverb.
Ergasilus leaves in search of a dinner more appetizing than Hegio's vegetables. Hegio continues on his errand which had been interrupted by the appearance of Ergasilus.

192 **intro** ("inside, indoors"), **intus** (inside, within"): adverbs expressing place to which and place where respectively.
subducam: "calculate."
192f **ratiunculam, quantillum argenti:** Hegio's funds have been depleted by the purchase of Elean captives; hence the diminutives.
tarpezitam: "banker" (< Gk. *trapezita*); the transposition of letters (*a, r*) is called metathesis.
siet: an early form of *sit;* present subjunctive in indirect question introduced by *subducam* (192).
194 **ire dixeram:** "I had spoken of going." Here the present infinitive is used for the future (= *me iturum esse* in classical Latin).
iuero: for *ibo.* Here the future perfect has the force of the future.

ACT II, SCENE i
Enter the *lorarii* from Hegio's house. One of the *lorarii* addresses the captives.

Meters: The scene consists primarily of *cantica* (see Metrical Introduction) in various meters (*cantica mutatis modis*).
195-196 and 198-199. Iambic octonarius (eight iambic feet). There is diaeresis after the fourth foot, or caesura in the fifth. The eighth foot is an iamb; if there is diaeresis the fourth foot is generally an iamb.

        - | - -|-   - | ᴗ ᴗ-| -   ᴗ | -   -|-   - |ᴗ -
       Si d(i) inmortales id uoluerunt ʌ uos hanc aerumn(am) exsequi (195)
197. Iambic quaternarius (four iambic feet). The fourth foot is an iamb.

        ᴗ ᴗ - |-   - |- -| ᴗ -
        domi fuistis credo liberi
Note: *-i* is short by *b.b. fui-* is treated as one syllable by synizesis.
200. Iambic septenarius, which is equivalent to iambic octonarius catalectic (eight iambic feet with the last element suppressed). There is diaeresis after the fourth foot, which is almost always an iamb.

        - - | ᴗ - | ᴗ - |ᴗ - ||ᴗ - | - ᴗᴗ |- - |-
        indigna dign(a) habenda sunt erus quae facit oh! oh! oh!
201. Trochaic octonarius (eight trochees, - ᴗ). There is diaeresis after the fourth foot. The following substitutions are allowed: - -, - ᴗ ᴗ, ᴗ ᴗ -, ᴗ ᴗ ᴗ ᴗ.

        - ᴗ|-ᴗ|-   - | ᴗ ᴗ   - |ᴗ ᴗ - | - ᴗ | -ᴗ|ᴗᴗ-
        eiulation(e) haud opus est oculis multa mira aitis
Note: There is hiatus after *mira,* but the scansion, like the text, is uncertain.
202. Iambic senarius.
203. Iambic octonarius. See on 195-196.

204-205. Cretic Tetrameter (four cretics, - ᴗ -). There is usually diaeresis after the second metron. The following substitutions are allowed: - ᴗ ᴗ ᴗ, ᴗ ᴗ ᴗ, ᴗ ᴗ ᴗ -, - - -, - ᴗ ᴗ -, ᴗ ᴗ - -, - - ᴗ ᴗ.

    -    ᴗ - | - - || - ᴗ - | - -
nostr(um) erum si uos eximat uinclis (204)
Note: The second and fourth metra are contracted.

    - ᴗ - |- ᴗ - || - - - | - ᴗ -
aut solutos sinat quos argent(o) emerit (205)

206. Iambic quaternarius. See on 197. Note: *a* is short by *b.b.*
206b-207. Cretic tetrameter.
207. The last half of the verse (*sentio quam rem agitis*) may be described as an ithyphallic: - ᴗ ᴗᴗ ᴗ - - (Lindsay).
208-209. Trochaic octonarius. See on 201.
210, 211. Cretic tetrameter + cretic dimeter.
212. Cretic dimeter + ithyphallic with diaeresis between the units.

    - ᴗ - |- - - || - ᴗ ᴗᴗ ᴗ - -
atque uobis nobis detis locum loquendi
Note: *-is* in *detis* is short because *s* does not close the syllable. *m* does not close the syllable *-um.*

213, 214. Cretic tetrameter + cretic dimeter + trochaic monometer (- ᴗ - -).
215. Trochaic octonarius.

    ᴗ ᴗ - | ᴗ ᴗ - | ᴗ ᴗ - | - - || - ᴗ ᴗ | - - | - ᴗ | - -
em istuc mihi cert(um) erat conced(e) huc it(e) ab istis obnoxi(i) ambo
Note: There is hiatus after *em*. *is-* (in *istuc* and *istis*) and *-at* are shortened by *b.b.*

216-223. Cretic tetrameter, but the first foot in 217 is a trochee.
224. Iambic septenarius. See on 200.

    - ᴗᴗ | ᴗ ᴗ ᴗ | ᴗ ᴗ - | ᴗ - || -   - | ᴗ - | - ᴗ ᴗ | -
nam si erus mihi es tu atqu(e) ego me tuo(m) esse seru(om) adsimulo
Note: *si* and *tu* are shortened by prosodic hiatus. *-us* and *es* are short because *s* does not close the syllable. *mihi* is in hiatus. *-o* is treated as long before the diaeresis. There is synizesis of *-uo-* in *tuom*, which is elided with *esse.*

225. Iambic octonarius. Note: *-us* is treated as long before the diaeresis.
226-230. Bacchiac tetrameter (four bacchiacs, ᴗ - -). The following substitutions are allowed: ᴗ ᴗ ᴗ -, ᴗ - - ᴗ ᴗ, - - -, ᴗ ᴗ - -, - ᴗ ᴗ -, - - ᴗ ᴗ.

    - ᴗ - | ᴗ - - | -   - -|ᴗ - -
accurat(e) agatur doct(e) et diligenter (226)

231-232. Anapestic dimeter catalectic + iambic quaternarius with diaeresis between the units. The anapestic metron consists of two anapests (ᴗ ᴗ -). The following substitutions are allowed for an anapest: - -, - ᴗ ᴗ, ᴗ ᴗ ᴗ ᴗ.
    In 231 the iambic quaternarius is catalectic:

    ᴗᴗ - | - ᴗ ᴗ | - - | - || - - | ᴗ - | ᴗ - | -
scio at scire memento quand(o) id quod uoles habebis

233. Iambic quaternarius catalectic.
234. Cretic trimeter.

235-239. Cretic tetrameter.
240-241. Trochaic octonarius.
$$- \cup | - - | \cup \cup - | - - \| - \cup | - \cup | \cup \cup - | \cup \cup -$$
audi(o) et propterea saepius te uti memineris moneo (240)
Note: *-ius* in *saepius* is pronounced as one syllable by synizesis.
242-250. Trochaic septenarius, which is equivalent to trochaic octonarius catalectic (eight trochaic feet with the last element suppresssed). Usually there is a diaeresis after the fourth foot; if not, there is regularly diaeresis after the fifth foot and/or caesura within the fourth foot.
$$\cup \cup - | - - | - - | - - \| \cup \cup - | - - | - \cup | -$$
quoniam nobis d(i) inmortales anim(um) ostenderunt suom (242)
243. *-ui-* in *fuisse* is treated as one syllable by synizesis. The final *e* in *esse* is not pronounced. See Lindsay, p. 26.
244. The verse begins with an anapest: *quod ant(e) hac* (*an-* is short by *b.b.*).
249. The fifth foot is a spondee: *t(e) ess(e) m(e) em*. For *esse* see on 243.
250. *in hac as-* is a tribrach (⏑ ⏑ ⏑). *hac* and *as-* are short by *b.b.*

195 uos ... exsequi < *exsequor*, "suffer"; in apposition with *id*.
196 id: The antecedent is *uos ... exsequi* (195).
animo aequo: "calmly" (cf. English 'equanimity'); ablative of manner.
labos: an early form of *labor*.
198 morigerari < *morigeror*, "accommodate oneself to"; + dative.
199 erili < *erilis*, "of the master, master's."
eam: refers to *seruitus* in 198.
201 This verse is corrupt. *clitis* may be emended to *aitis*. Translate, "you are saying (i.e., revealing) many strange things with your eyes" (Lindsay).
202 si ... utare [= *utaris*], adiuuat: With an indefinite second person singular the subjunctive is usually found in the protasis even though an indicative appears in the apodosis (*AG* 514D 1a).
203 at: "but," indicating an objection to the previous statement.
pudet: "it causes shame, embarrasses"; + accusative.
quia: See on 153.
pigeat < *piget*, "cause regret"; + accusative.
205 solutos: "unfettered"; sc. *esse*, and again at 206a.
emerit: perfect subjunctive, either by attraction to *eximat* (204) and *sinat*, or in a relative causal clause.
206a si ... sinat: protasis of a future less vivid condition. The indicative in the apodosis (*scimu'*, 206) indicates a shift in viewpoint (*AG* 516, 2b NOTE).
207 fingitis: "contrive."
agitis: The use of the indicative in indirect questions in early Latin is thought to result from parataxis; see on 121.
208 nos fugiamus: "we flee? are we to flee?" subjunctive in an exclamatory question expressing impossibility (*AG* 443, 444A).
quo fugiamus: "where are we to flee?"; deliberative subjunctive.

apage: "away with it," i.e., "surely not!"
209 immo: "on the contrary"; contradicts or qualifies a preceding statement.
210, 211 Some editors divide this line into two verses; hence the double lineation.
exorare: "to gain by request."
quidnam: "what, pray tell? what in the world?"
ut: with *detis* (212); indirect command.
arbitris < *arbiter*, "witness, spectator," i.e., the other slaves who are standing around.
213, 214 fiat: "it shall be done."
nos ... huc: the *lorarius* addresses his helpers.
incipisse < *incipisso*, "begin"; only in Plautus. The sense with *breuem orationem* is "make it short."
215 em: See on 183.
istuc mihi certum [< *cerno*] erat: "that had been decided by me," i.e., "that was my intention."
216 obnoxii: "under obligation."
217 quae = *eorum quae;* ellipsis.
218 copia: "opportunity."
compotes: here with ablative (*ea*); compare on 41.
Philocrates addresses Tyndarus, as the *lorarii* and *arbitri* move away.
219 nunciam = *nunc iam*, "at once."
si uidetur: "if it seems (good to you), if you please."
220 arbitrari [< *arbitror*]: "to hear, to observe."
221 permanet [< *permano*]: "flow through"; with *palam*, "become known."
222 astu < *astus*, "cleverness, cunning."
colas: "cultivate, manage."
225 uiso ... cauto [< *caueo*, "watch out"]: participles used as substantives; i.e., "foresight ... caution"; ablatives with *opust* and *est opus*).
227 hau somniculose: "not at all sluggishly," i.e., "very alertly"; litotes.
228 ut: "as."
230 offerre ... meum caput uilitati: i.e., "to offer my life at a low price." Tyndarus will pretend to be the master and remain behind, while Philocrates, posing as the slave, will return home.
231 memento [< *memini*]: future imperative; with *scire*, "be sure to remember."
232 maxuma pars ... homines habent: "the greatest part ... men have," i.e., "the vast majority of men possess"; anacoluthon. *maxuma pars* begins as the subject, but is then abandoned in favor of *homines*.
233 impetrant: "are trying to obtain."
234 penes sese: "in their power."
236 ut: "how."
uolo: For the mood, see *agitis* at 207.
autumo: "say, assert."
237 suadeam, suadeam: potential subjunctives (in chiasmus).

26   Plautus, *Captivi*

238 **audeam** < *audeo*, "wish, choose," the original meaning (cf. the cognate *auidus*).
nominem < *nomino*, "name, call by name."
239 **secundum:** "after"; preposition + accusative.
240 **uti** [= *ut*] **memineris:** indirect command.
241 **opsecro** = *obsecro*, "entreat, implore"; here with double accusative.
242 **animum ... suom:** "their intention."
243 **ut qui ... uelint:** "that they wish"; clause of purpose in apposition with *animum suom* in 242. *ut qui* = *ut. qui* ("how, surely") is an indefinite adverb, used here colloquially as an intensive particle.
244 **quod:** relative pronoun. The antecedent is *hoc unum* in 241.
imperitabam [frequentative of *impero*]: "kept on ordering."
245 **te erga** = *erga te*, "towards you"; anastrophe.
247 **ne ... honore honestes:** "that you do not honor with honor," i.e., "respect"; indirect command dependent on *oro* (244).
secus ... quam quom: "otherwise than when."
seruibas = *seruiebas;* an early form.
248 **ut ... ut memineris:** "that you remember." The repetition of *ut* is colloquial. Compare *scortum, scortum* at 72 and 73.
fueris ... sis: subjunctives in indirect questions.
qui = *quis*. In indirect questions Plautus employs *qui* for *quis* before consonants.
250 **memoriter:** "accurately."

ACT II, SCENE ii
As Philocrates and Tyndarus stand over to the side discussing the details of their plot, Hegio comes out of the house, still addressing those within.

Meter: Trochaic septenarius.
          ᴗ ᴗ ᴗ |- ᴗ |- -| - - || -   ᴗ| -   -|-ᴗ|-
          I(am) ego reuortar intro s(i) ex his quae uol(o) exquisiuero (251)

251 **Iam:** "soon."
ex his: i.e., the captives.
252 **ante ... iussi:** at 110-115.
253 **tibi ... cautum** [*esse*]: "that care has been taken by you"; + *ne* and the subjunctive.
in quaestione: "the object of search" (*OLD*)
254 **circummoeniti** = *circummuniti* < *circummunio*, "secure, wall up around."
256 **cauisse:** sc. *se*.
ratus est < *reor*, "think, suppose."
257 **an:** particle introducing a question. It need not be translated.
ut = *cur*.
258 **quos ... sim mercatus** [< *mercor*]: "whom I have purchased," i.e., "since I have purchased you"; relative causal clause.

praesenti pecunia: "with money at hand, with ready money."
259 neque ... tibi nos ... aequomst uitio uortere: "and it's not fair for us to blame you"; literally, "to turn it to a fault against you."
260 Hiatus occurs before *abeamus*.
fuat = *sit;* an early form.
261 illi = *illic*, "there," i.e., in Elis.
262 ita: "yes."
fuimus: Scan - ⌣ -.
263 ex te: i.e., Philocrates, who Hegio thinks is the slave.
solo: ablative, modifying *te*.
scitari [< *scitor*, frequentative of *scio*]: "to seek to know," hence, "ask."
264 falsiloquom: "(one who) speaks falsehoods."
265 quod sciam: See on 173.
nesciui: here = *nescio;* some editors read *nescibo* (archaic future < *nescio*).
nescium: "unknown"; with *id tradam tibi*, "I will give to you that unknown thing, I will tell you what I don't know." Hegio, of course, interprets his remarks to mean, "If I don't know something, I will tell you."
266 tostrina = *tonstrina*, "barber's shop."
cultros < *culter*, "razor, knife."
adtinet: "bring or hold near." The subject is Philocrates, who will give Hegio a "close shave."
267 inuolucre inicere: "to throw a towel (over him)," in apposition with *ne id quidem* ("not even that").
ut ne: here = *ne*.
268 utrum ... dicam: "which of the two shall I say?"; in apposition with the alternatives introduced by *-ne ... an*.
strictim attonsurum ... esse: "that (he) is about to shave close to the skin."
per pectinem [< *pecten*]: "through (i.e., over) a comb."
269 uerum: See on 75.
frugist [= *frugi est*]: "he is useful"; here with the sense "is the man I think he is." *frugi* (dative of purpose < *frux, frugis*) is used as an indeclinable adjective.
usque admutilabit probe: "will [give a] thoroughly first-rate shave."
270 quid tu: similar to our "hey you! you there!"; used to gain someone's attention.
mauelis [= *malis* < *malo*]: "would you prefer"; potential subjunctive.
memora < *memoro*, "tell, say"; imperative.
271 longissume: sc. *absit*.
272 non multum ... molesta: "not very troublesome"; see on 87.
273 quam si essem: "than [it would be] if I were"; see on *quasi* (181). Ironic.

Plautus, Captivi

274 **eugepae:** "excellent, well done"; a Greek loan-word.
Thalem ... Milesium: Thales of Miletus was a pre-Socratic philosopher and one of the proverbial seven wise men of Greece.
talento: "talent," a very large sum of money; a pun on T(h)alem.
275 **ad:** "in relation to, in comparison with."
276 **ut:** "how."
contulit: "adapted."
277 **Polyplusio:** "very rich"; a Plautine coinage agreeing with *genere;* thus, "from the Many-Bucks family."
278 **illi:** See on 261.
unum pollens atque honoratissumum: "single most powerful and most honored." "*Pollens* has of itself a quasi-Superlative force" (Lindsay).
279 **ipsus [= *ipse*] hic:** "this one himself."
280 **in Aleis tanta:** The reading is doubtful for metrical reasons, but the sense is clear.
gratia: "regard"; with *tanta.*
281 **opimae:** "abundant, fat, rich."
excoquat < *excoquo,* "boil out, squeeze out"; subjunctive in a relative clause of purpose or characteristic introduced by *unde.*
sebum: "grease"; a pun with *opimae.*
senex: "as an old man"; i.e., Philocrates has enough fat (money) to last a lifetime.
282 **abimus** < *abeo,* "go away, leave."
283 **uiuatne necne:** "whether or not he is living"; double indirect question.
id: "(as to) that"; emphatic.
Orcum: "Orcus," the god of the underworld.
284 **salua res est:** "the matter is safe," i.e., "all is well."
285 **Thensaurochrysonicochrysides:** an exaggerated compound of Greek words (*thensauros,* "treasury"; *chrysos,* "gold"; *nike,* "victory"; *chrysos*) ending in a patronymic suffix (*-des,* "son of"); hence, "son of the golden conqueror of the golden treasury."
286 **uidelicet:** "evidently." Scan ⏑ ⏑ ⏑ -.
quasi: "a sort of, as it were"; with *nomen,* "a sort of name."
287 **immo:** See on 209.
288 **germano nomine:** "real name"; ablative of specification. Hegio presumably does not hear this remark, since he does not discover the real name of Philocrates' father until 635.
289 **tenax:** "tenacious, stingy."
290 **ut magi' noscas:** "in order that you may know more," i.e., "in order that you may understand how stingy he is."
Genio: "attendant" or "guardian spirit," attached to a man at birth and considered as a divine protector throughout his life. Sacrifices were made to a man's *genius* on his birthday.
ubi quando: "whenever."
291 **ad:** "(pertaining) to."

quibus est opu': sc. *ubi quando* from 290.
Samiis uasis: "Samian vessels, vessels from Samos" (an island on the coast of Asia Minor). Such pottery was cheap and brittle.
292 **proinde:** "hence," i.e., "from this example."
ut: "how."
293 **hac:** sc. *uia*, "this way."
eadem: sc. *opera*, "by the same effort," with the sense "at the same time."
ex hoc: Tyndarus, who during the preceding conversation had been standing over to the side.
exquaesiuero = *exquisiuero;* for the tense, see *iuero* on 194.
294 **fecit:** "acted."
frugi: modifies *hominem;* see on 269.
295 **fassust** = *fassus est* < *fateor*, "confess."
296 **si ... uis:** For the tense see on 6.
tua re: "to your own advantage."
297 **quae:** refers to *haec ... eadem* in 296.
scio scire me ex hoc: "I know that I know from this one (i.e., your slave)." Perhaps *scito* (future imperative) or *sci* (present imperative) should be read.
Tyndarus now assumes the role of the master. In the following conversation the irony of the situation is pronounced, since parts of his statements, unknown to him and to Hegio, are indeed applicable to his true identity as the long-lost son of the old man.
301 The ambiguity is in keeping with the captives' false identities. Thus, several meanings are possible: "I do not think it right that (1) this one fears me more than (he fears) you"; (2) "that this one fears you more than (he fears) me"; (3) "that I fear this one more than (I fear) you"; (4) "that I fear this one more than you (fear him)."
302 **cum istoc** = *cum istius opibus.*
303 **quom:** "when."
dicto ... facto: "in word ... in deed."
laedat < *laedo*, "hurt, injure"; with *licet*, "it is permitted that he injure."
304 **uiden** = *uidesne.*
humana: "human affairs"; accusative plural.
lubet = *libet.*
306 **insueram** = *insueueram* < *insuesco.*
alterius: scanned as if the spelling were *altrius.*
opsequor [= *obsequor*]: "submit to"; + dative.
307 **proinde ut:** "just as."
imperator familiae: "master of the household," i.e., master of the family slaves.
309 **hoc te monitum ... uolueram:** "I had wished you advised of this (before now)," i.e., there is something I have been wishing to advise you of for a long time.
nisi ... uis: a formula seeking permission to speak further.
310 **tam ... quam:** "as ... as, so ... as."

311 mihi ... illi: datives of separation with *eripuit*.
312 apud: The final syllable is always scanned as short.
313 gerimus: "manage, do."
   que et = *et ... et*.
314 uti = *ut*.
   habueris: See on 22.
315 profuerit: "it will profit" + dative; for the tense, see on 194.
316 desiderat: See on 145.
317 faterin = *faterisne*.
319 optestor = *obtestor*, "implore, entreat."
320 auariorem: "too covetous."
   faxint: For the form see on 172; indirect command.
321 tam etsi = *tametsi*, "although."
322 saturum < *satur*, "full of food, sated."
323 illi = *illic*.
324 uirtute: With genitives (here, *deum* and *maiorum nostrum* [= *nostrorum*], "our ancestors"), the ablative can mean "through the services (of), thanks (to)."
326 lutulentos: "filthy, dirty."
327 est etiam: sc. *tempus*.
   praestet [< *praesto*]: "it is preferable"; clause of characteristic.
328 perperam: "falsely."
329 hoc: accusative, object of *animum aduorte* (= *animaduerte*, "pay attention to").
330 Alide: ablative; compare on 9.
331 reddis: "restore."
   praeterea: Hiatus follows this word.
   nummum: a Roman silver coin of very small value; i.e., "farthing, cent."
   duis < *duo*, an early form of *do*. ne duis = *ne des*; prohibition.
332 amittam: See on Argumentum 7.
333 oras: "say."
   es: Scan as long (so always in Plautus).
334 seruitutem: cognate accusative (i.e., object related or cognate to the verb); here with *seruit*.
335 isquidem = *is quidem*, "he indeed."
   cluens = *cliens*, "client." At Rome a freed slave might attach himself as a client to his former master for protection. Here again Plautus refers to a Roman custom, although the scene of the play is in Greece; compare on 34, 90.
336 tam ... quam: See on 310.
   in procliui: "on the descent," i.e., "downhill, easy."
337 fac ... ut: "see to it that ... "; introduces substantive clause of result.
338 quiduis: "what you wish."
   dum: See on 32.
   ab re: "to my disadvantage"; compare on 296.
339 amitti: present passive infinitive.

Plautus, *Captivi* 31

donicum = *donec*, "until."
ille: i.e., Philocrates.
postulo: See on 186.
340 **aestumatum** = *aestumatum* < *aestimo*, "appraise, value," i.e., at a sum which Tyndarus will pay should Philocrates fail to return.
quem mittam: relative clause of purpose.
341 **illi** = *illic*.
misero: For the tense, see on 194.
342 **indutiae:** "truce."
343 **uelis** < *uolo*, subjunctive by attraction to *perferat*, "announce."
344 **nihil est:** "it is no use"; with infinitive.
operam luseris [< *ludo*]: "you will fritter away your effort," i.e., "you will labor in vain." See on 194.
345 **transactum reddet:** "he will return (it) completed," i.e., "he will get the job done." Colloquial.
347 **ex sententia:** "according to his wish."
348 **adeo:** "furthermore, moreover."
hodie: "at once, without delay, ever."
audacius: "more confidently."
349 **ne uereare** [= *uerearis*]: prohibition.
meo periclo: "at my (own) risk."
fidem: "trustworthiness, honesty."
350 **ingenio:** "good character, natural disposition."
quod: "because."
351 **tua fide:** "on your guarantee."
352 **quam citissume potest:** "as quickly as possible"; a combination of *quam potest tam cito* and *quam citissime*.
cedere ad factum: i.e., to be carried out.
353f **num quae caussa est quin ... des:** "is there any reason why you would not give?"; a common expression when asking a question within the context of a formal agreement. *des* is subjunctive in an indirect question introduced by *quin* (= *qui ne*, "why not").
minas: one-third of a talent, a substantial sum.
354 **optuma immo:** (sc. *causa*); *immo* is usually placed first.
355 **atque:** "in fact, indeed"; here introducing an afterthought.
357 **quod collus collari caret:** in apposition with *hoc*. *collus* = *collum*, "neck." *collari* < *collare*, "iron collar or chain"; ablative with *caret*.
358 **quod:** relative pronoun. The antecedent is *beneficium*.
bene fit: "is done kindly."
ea = *eius rei*.
grauida: "full, abundant."
359 **illo** = *illuc*, "to that place, thither."
dice = *dic*. Both are found in Plautus.
360 **ad patrem:** The accusative emphasizes motion toward.
uin = *uisne*.

ACT II, SCENE iii
Hegio addresses Philocrates, who he thinks is a slave.

Meter:
361-384. Iambic senarius.

    - -| ⌣ ⌣ - |- ∧ ⌣ ⌣ | ⌣- | ⌣ -|⌣-

Quae res bene uortat mihi meoque filio (361)

385-460. Trochaic septenarius.

    ⌣ ⌣ - |- ⌣ ⌣ | - ⌣ |- - || - -|⌣ ⌣⌣ | - ⌣|-

Philocrates ut adhuc locorum feci faciam sedulo (385)

361 **Quae res bene uortat:** "may this plan turn out well"; a common formula of prayer uttered at the beginning of every major undertaking. Here it refers to *uolt* (= *uult*) ... *operam dare* in 362.
362 **nouos erus:** Hegio is referring to himself.
362f **operam dare ... fideliter:** "to obey faithfully."
    quod: relative pronoun referring to an unexpressed antecedent, such as "regarding the matter."
365 **te:** short by prosodic hiatus.
    ait: sc. *se* in indirect statement with *uelle*.
367 **nostris ... filiis:** ablative of means.
368 **utroque uorsum:** "in both directions."
    rectumst [< *rego*]: "is directed." The sense is "I am at the disposal of both of you."
369 **ted:** an early form of *te*.
    uti < *utor*.
371 **tute tibi tuopte:** The suffixes *-te* and *-pte* are emphatic.
    prodes < *prosum*, "benefit"; + dative.
373 **em tibi hominem:** to Tyndarus, "here's your man"; *em* ("behold! lo!") is constructed with the accusative; compare on *eccum* at 169.
    gratiam habeo: "I feel grateful, I am thankful."
374 **copiam:** See on 218.
376 **me:** object of *perferat;* in apposition with the indirect questions *quid ... agitem, quid uelim.*
377 **ordine omnem rem:** "the entire matter in order"; also in apposition with the *quid* clauses in 376.
378 **conuenit:** "it is agreed."
379 **patrem:** The omission of the possessive adjective throughout this conversation enhances the ambiguity of the situation.
380 **rebitas** [< *rebito*] = *redeas*, "return." Archaic *bitere* = *ire*.
381 **sentio:** sc. *uos*.
385 **adhuc locorum:** "until now of time," i.e., "hitherto"; *locorum* is partitive genitive.
386 **potissumum:** "chiefly, most of all."
    quod ... conducat: "which is of use" or "profitable." The antecedent is *id* (387).

Plautus, *Captivi* 33

389 **salutem dicito:** "send a greeting, greet"; *dicito* is future imperative.
390 **si ... uideris:** protasis of a future more vivid condition; the apodosis is *dicito* in 389: "If you see some other benevolent fellow, greet [him, too]."
391 **me ... ualere ... seruire:** indirect statement with *dicito* in 389.
392 **honore honestiorem:** "more honored than honor," i.e., "than I deserve."
394 **nisi quod:** "except that."
395 **quo pacto:** "how"; introduces an indirect question.
cum hoc: The reference is to Hegio.
396 **mora mera:** "pure hindrance," i.e., "a waste of time."
monerier: "to be reminded"; for the form see on 13.
397 **nostrum** [= *nostrorum*]: partitive genitive, dependent on *uicem* ("in place of").
398 **pote** = *poteris*.
istuc = *istud*.
in rem ... maxume: "in the best interest, to the best advantage."
400 **suo'** [= *suus*] **quoique:** "to each his own."
numquid aliud uis: See on 191.
401 **tute:** See on 371.
402 **fuisse:** sc. *nos* as subject.
ingenio hau discordabili: "of a temper not at all discordant."
403 **aduorsatum** [*esse*]: < *aduersor*, "oppose," + dative.
404 **gessisse morem:** "have gratified, obliged." The subject is unexpressed, but may be either *te* or *me* (see 403).
405 **med** = *me:* either subject or object of *deseruisse*. The ambiguity is intentional.
407 **ut fueris animatus:** "how you were disposed"; indirect question in apposition with *haec*.
408 **gratiis:** See on 106.
emittat manu = *manumittat*, "release from one's *potestas*, set free, emancipate"; in a result clause after *quin* (= *qui non*), AG 559.
409 **mea opera:** "by my effort."
rebito: See on 380.
412 **apud hunc:** The reference is to Hegio.
413 **quo pacto:** "and in this way"; *quo* is a connecting relative.
415 **merito:** "justly, deservedly."
416 **med erga:** For order see on 245.
417 **nihilo setius:** "no less, just as."
418 **opsequiosus** = *obsequiosus*, "complying, obedient."
di uostram fidem: "oh gods, your protection!, by the gods' protection!"; *uostram fidem* is accusative of exclamation.
419 **liberale:** "worthy of a free man, generous," i.e., "noble."
420 **corde:** "from the heart, sincerely."
amare: sc. *hos* as subject.
quantis * laudibus: The verse is metrically defective; the * marks the place where something has been lost. See *apparatus criticus*.

421 **istic** = *iste* + *ce*, "that man there."
421f **centessumam partem ... quam:** "hundredth part (as much) ... as"; adverbial accusative.
424 **ut ... geras:** here, "by conducting, by carrying out" (Lindsay).
425 **non:** with *possum uelle*.
opera: either "in deed, in reality" or "by (my) effort."
experiar: "I shall try"; rare with the infinitive. Philocrates means that he will try as hard to accomplish the thing as he is eager to have it accomplished.
426 **laudo:** here = *nomino*, "name, call upon."
428 **secus ... quam:** "otherwise than."
memet: The suffix *-met* is employed for emphasis.
429 **opera et factis:** "by (your) effort and accomplishments."
430 **quo minu' dixi quam uolui:** "[by as much] the less I have said than I wished."
animum aduortas uolo: *eo magis* is probably to be understood; hence, "[by so much] the more I want you to pay attention."
431 **horunc** = *horum* + *ce*.
caussa: "for the sake of"; + genitive. Cf. on 14.
caue ... fuas [= *sis*]: "don't be."
432 **cogitato:** introduces two indirect statements (*mitti ... te aestumatum*, 432-33, and *meam esse uitam ... positam*, 433).
433 **pignori [< *pignus*]:** "for a pledge, for security"; dative of purpose.
434 **quom extemplo** = *cum primum*.
436 **pro libero:** "as a free man."
436f **ducas ... deseras ... des:** sc. *ne* from 434.
437 **neque des operam:** "and not make an effort."
reducem facias: See on 43.
439 **fac ... sis:** "make (sure) to be"; see on 121.
fidele = *fideliter*.
fluxam [< *fluo*]: "unreliable, unstable."
441 **serua:** "keep."
hunc inuentum inueni: "discover him (as one who has been) found (to be a friend)." *hunc* refers to Philopolemus (Lindsay).
444 **hoc age:** "attend to this, heed it."
446 **satin [= *satisne*] habes:** "do you have enough? are you satisfied?"
facta si refero: "if I bring back (as) accomplished." *refero* is present for future.
447 **et tua et tua:** with *ex sententia;* the references are both to Tyndarus and to Hegio.
ornatus: "equipped," i.e., accompanied by Philopolemus.
448 **ut ... redeas:** dependent on *uolo* implied from *numquid aliud* [*uis*]. Compare on 191 and 400.
possis: subjunctive by attraction.
res monet: "the situation (itself) warns (me)."
449 **tarpezita:** See on 193.

Plautus, *Captivi* 35

450 **praetore:** "praetor," a Roman magistrate whose duties included supervising communications between Roman citizens and foreigners.
syngraphum [masc.]: "passport, pass," necessary since Aetolia and Elis were at war.
452 **bene ambulato:** i.e., "(have a) pleasant journey, farewell"; *ambulato* is future imperative.
Tyndarus goes inside the house.
453 **constabiliui** = *stabiliui*, "made firm, stabilized."
454 **expediui** [< *expedio*]: "I have extricated, I have freed."
455 **at etiam:** "but even."
dubitaui: here, "hesitated"; + indirect question ("whether ... or").
456 **sultis** = *si uultis*, "if you wish, if you please"; compare *sis* in 110.
quoquam: "anywhere."
457 **ecferat** = *efferat* (*ex* + *fero*); with *pedem*, "escape."
apparebo: "I will (soon) appear." The verse is defective; see on 420.
458 **modo:** "now."
inuiso: "go to see."
459 **eadem:** sc. *opera*.
ecquis: "(whether) any one," i.e., among his other prisoners; introduces indirect question.
hunc adulescentem: i.e., Tyndarus.
460 **tu:** i.e., Philocrates.
ei rei: i.e., to securing traveling expenses and a pass for Philocrates.
praeuorti < *praeuertor*, "turn to before, dispatch"; + dative.

ACT III, SCENE i
Hegio and Philocrates exit to the town in search of a banker. Enter Ergasilus, the parasite, having returned from an unsuccessful attempt at finding a better dinner than the one offered by Hegio. He bemoans the stinginess of the young men of the town.

Meter: Trochaic septenarius.

461 **edit** [< *edo*, "eat"] = *edat*, an early form of the present subjunctive (in a relative clause of purpose).
aegre: "with difficulty, with effort."
463 **esse** [< *edo*]: present infinitive.
464 **die** = *diei;* dative of separation.
oculos: refers to the day, which is personified.
ecfodiam < *effodio*, "gouge out, dig out."
lubens [= *libens*]: "with pleasure"; emphatic by position.
465 **malignitate:** "stinginess."
onerauit: "overwhelmed." The subject is *dies* understood.
omnis mortalis: accusative; object of *onerauit*.
mihi: "so far as I am concerned"; dative of the person judging (*AG* 378).
466 **ieiuniosiorem:** sc. *diem;* "hungrier"; a Plautine coinage.

ecfertum [< *effercio*]: "filled out, full, ample"; *ecfertum fame* is an example of oxymoron.

467 **quoi:** sc. *diei* as antecedent.
minu' procedat quidquid facere occeperit [= *inceperit*]: "whatever it has begun to do makes less progress."

468 **resident essurialis ferias:** "are keeping hunger-holidays," i.e., "have nothing to eat." *resident* means "sit inactive, remain idle"; hence, with *ferias*, "celebrate a holiday."

469 **ilicet ... crucem:** "the parasite's art may go and be hanged"; *ilicet* = *ire licet*. *parasiticae arti* is dative with *licet*, and *malam crucem* is accusative of place to which with *ire*.

470 **iam:** "nowadays."
ridiculos inopesque: "jesters and the poor," i.e., "poor jesters"; hendiadys.

471 **nil morantur:** See on 16.
Lacones ... uiros: "Lacedaemonian heroes, Spartans," known for their endurance. Parasites forced to endure humiliations are comically compared to Spartans.
unisubselli: "of a bench for one," a Plautine coinage to point a contrast between the lowly parasite who sat on a wooden bench (*subsellium*) at the end of a table, and the guest who reclined on a banquet couch (*lectus*).

472 **plagipatidas:** formed from *plaga* ("blow") + *patior*, followed by a patronymic; hence, "sons of the sufferers of blows, sons of whipping boys."
uerba: "jokes, witticisms."
penu < *penus*, "provision of food."

473 **ederint:** future perfect indicative.
reddant: "will return," i.e., the invitation to dine; in a relative clause of characteristic.

474 **opsonant:** "buy provisions, do the marketing."
prouincia: See on 156.

475 **tam:** correlative with *quam* in 476 and modifies *aperto capite* ("with uncovered head," i.e., "boldly").
lenones: See on 57.

476 **in tribu:** the Comitia Tributa, i.e., the Roman lawcourt.

477 **terrunci** < *terruncius*, a copper coin equivalent to 1/4 of an *as*, itself of little value; genitive of price or value.

478 **uti:** "when."
dudum: "a little while ago."

479 **imus** < *eo, ire*.
una: "together"; adverb.
[ad prandium]: "to luncheon." Lindsay prefers to omit; see *apparatus*.
atque: "and all of a sudden."

480 **hoc** = *huc*.
profitetur: "volunteers."

481 **me rident:** "laugh at me."

Plautus, *Captivi* 37

     abnuont < *abnuo*, "shake the head in refusal."
482 **unum ridiculum dictum:** i.e., "a funny story."
483 **menstrualis epulas:** "dinners for a month."
484 **de competo** [< *compaciscor*]: "according to agreement, in accordance with a previous compact."
486 **saltem ... dentes ut restringerent:** "by at least baring their teeth," i.e., in the semblance of a smile.
487 **uideo:** historical present after *postquam*.
488 **una res:** "the same story."
489 **Velabro:** the *Velabrum* was a street in Rome where oil-dealers (*olearii*) sold their wares. They often conspired to keep prices at a certain level.
491 **obambulabant:** "were wandering, were prowling."
492 **barbarica:** "foreign," i.e., Roman. *barbarica lege* refers to the Twelve Tables, the oldest Roman law. The statute referred to forbade agreements against the public interest (Elmer).
     certumst: sc. *mihi*. See on 215. Ergasilus wishes to lodge a formal complaint against the youths whose conspiracy has prevented the parasites from getting a living.
493 **consilium iniere** [= *inierunt*]: "have entered upon a plan, have formed a plan."
494 **is** = *iis* (*eis*).
     diem dicam: "set a day," i.e., for a trial.
     multam: "a fine, a penalty."
495 **meo arbitratu:** "according to my wish."
     sic egero: "thus I shall have managed (it)," i.e., "and that will be that."
497 **ea:** understood with *spes* in 496.
     decollabit: "will come to naught, will fail."
     Ergasilus exits to the harbor.

ACT III, SCENE ii
Hegio, in good spirits at the prospect of recovering his son Philopolemus, comes out of the house. He is accompanied by Aristophantes, an Elean captive.

Meter: *Cantica mutatis modis*.
498, 500. Anapestic dimeter. See on 231-232.
     ᴗ ᴗ - | ᴗᴗ - || ᴗ ᴗ - | ᴗ ᴗᴗ
     Quid est suauiu' quam bene rem gerere (498)
Note: *est* is short by *b.b.*
499, 500. Bacchiac tetrameter. See on 226-230.
     ᴗ - - |ᴗ - -| ᴗ ᴗ ᴗ -| ᴗ- -
     bono publico sicut ego fec(i) heri quom (499)
502, 503. Trochaic octonarius.
     ᴗᴗ -| ᴗ ᴗ - |- ᴗ|- -||ᴗᴗ - |- - |- -| ᴗ ᴗ -
     ita me miserum restitando retinendo lassum reddiderunt (502)
Note: the *e* in -*erunt* is short. See Lindsay, p. 41.

38 Plautus, *Captivi*

504, 505. Bacchiac tetrameter.
Note: At line 505, *-em* in *praetorem* is long before the diaeresis.
506. Four bacchiac segments, each ⏑ - - | ⏑ -, except that the last is - ⏑ ⏑ - | ⏑ -.

⏑ - - | ⏑ - || ⏑ -   -|⏑ -|| ⏑ - - | ⏑ - ||-   ⏑ ⏑-| ⏑ -

rogo syngraphum datur m(i) ilico dedi Tyndaro ill(e) abiit domum
507. Iambic quaternarius catalectic + bacchiac dimeter with diaeresis between the units.

  -      -|⏑ - | - - | - || ⏑ -   - | ⏑ - -

ind(e) ilico praeuortor domum, postqu(am) id actum (e)st.
508. Anapestic tetrameter. Usually there is a diaeresis after the fourth foot where hiatus is allowed.

⏑ ⏑   -|⏑ ⏑ - | -   - | ⏑ ⏑-|| ⏑   ⏑ - |-   ⏑⏑|- - | --

ego protinus ad fratr(em) ind(e) abii me(i) ubi sunt alii captiui.
509-10. Trochaic quaternarius catalectic + colon Reizianum: ⏑ - ⏑⏑ - - (⏑⏑ or - may substitute for the first ⏑).

⏑ ⏑   ⏑|⏑ ⏑   - |- ⏑   -| ⏑ -   ⏑⏑   - -

rogo Philocrat(em) ex Alid(e) ecquis omnium norit. (509)

  -      ⏑ |-   -| - ⏑- | ⏑   - ⏑ ⏑ - -

tand(em) hic exclamat eum sib(i) esse sodalem (510)
Note: *-at* is long. In early Latin the third person singular ending is long if the vowel in the second person singular of the same tense is long.
511. Trochaic quaternarius + colon Reizianum of the form - - ⏑ - -.

  -    ⏑ | -   ⏑ ⏑ | ⏑   ⏑ - | -   -|- -   ⏑ -   -

dic(o) e(um) ess(e) apud me hic extempl(o) orat opsecratque
Note: *me* is short by prosodic hiatus; for the quantity of *-at* see on 510.
512. Trochaic quaternarius.

  -     ⏑| -   ⏑⏑|-   ⏑|--

eum sib(i) ut liceat uidere
Note: *eum* is pronounced as one syllable by synizesis.
513. Iambic senarius.
514, 515. Iambic septenarius.

499 **bono publico:** "for the public good"; ablative of attendant circumstances. Hegio means that by recovering his son he is freeing an Aetolian citizen from slavery and thereby performing a public service.
500 **ubi quisque uident:** "when they each see (me)"; *quisque* is often used with a plural verb.
501 **gratulantur:** "rejoice (for)"; here transitive.
502, 503 **reddiderunt:** with *me ... lassum*, "have worn me out."
504 **iam eminebam:** "was but now emerging." With *uix* the sense is "barely escaped."
506 **syngraphum:** See on 450.
    ilico = *illico*, "on the spot, immediately."
509 **ecquis ... no[ue]rit:** See on 459.
    omnium: sc. *captiuorum;* partitive genitive.
510 **hic:** i.e., Aristophantes, an Elean captive bought by Hegio.

eum: i.e., Philocrates, and again at 511.
513 **hunc:** i.e., Aristophantes.
exsolui < *exsoluo*, "release, free"; present passive infinitive.

ACT III, SCENE iii
Tyndarus, fearing that Aristophantes will reveal his true identity, is at his wits' end. As Hegio and Aristophantes approach he stands to one side and ponders his situation.

Meter: Canticum. The meters are iambic and trochaic.
516-523. Iambic octonarius.
Note: In line 519, the first foot is a proceleusmatic (◡ ◡ ◡ ◡). The first -*ex* is short by *b.b.*.
524. Iambic octonarius + iambic monometer (- - ◡ -): *nis res palam (e)st*.
525. Trochaic quaternarius catalectic.
526-527. Trochaic octonarius.
528-529, 531. Trochaic septenarius.
Note: In line 529, -*us* is short by *b.b.*
530, 532 Iambic senarius.
   ◡◡   ◡|◡ ◡   - |◡   -| ◡ -|- -|◡-
   nisi s(i) aliquam corde machinor astutiam (530)
Note: *m* in *aliquam* does not close the syllable; in early Latin final -*or* was still usually long.
In line 532 there is hiatus at the sense pause after *incipisse*.

516 **illud est:** sc. *tempus*.
fuisse quam esse: i.e., to be dead rather than alive.
nimio: "by far, exceedingly"; adverb.
mauelim = *malim;* subjunctive in a clause of characteristic; i.e., "the sort of time I'd rather be dead."
517 **spernunt:** "remove."
518 **sperabilest** = *sperabilis* (< *spero*) + *est*. For the translation, compare *inmemorabiles* in 56.
519 **exitium exitio:** "escape from ruin." *exitio* ("avoiding") is a verbal noun (< *exire*, "to go out") which may take an accusative. Thus *exitium* is the object of *exitio*.
neque adeo: "nor, what is more."
aspellat < *aspello*, "remove."
520 **subdolis mendaciis:** "crafty deceptions."
mantellum: "cloak, concealment."
521 **sycophantiis ... fucis:** "deceits ... pretences."
obuiam: "at hand, within reach"; adverb.
522 **deprecatio:** "prayer for pardon."
523 **confidentiae ... hospitium:** "inn (i.e., refuge) for my boldness."
524 **praestigiae:** "illusions, jugglers' tricks."

526 **quin ... occidam oppetamque:** "but that I will perish and encounter," i.e., "(to keep) me from perishing and encountering"; a clause of prevention after *negotium est* in 525.
uicem: "for the sake of." *uicem* governs the genitive *eri* and the possessive adjective *meam;* hence, "for the sake of my master and my own (sake)."
528 **Philocrati:** either genitive or dative.
529 **Salus:** "Salvation," a Roman deity whose temple stood on one of the summits of the Quirinal.
530 **nisi si** = *nisi,* "unless."
corde: "in my mind."
531 **quam:** refers to *astutiam* (530).
malum: "damn it!"; accusative of exclamation.
532 **nugas:** "nonsense."
ineptiam: "silliness, folly." The singular is pre-classical.
incipisse: See on 213, 214.
haereo: "I'm stuck."

ACT III, SCENE iv
Hegio, accompanied by Aristophantes, searches for Tyndarus. Unsuccessful at escaping detection, Tyndarus tries to talk his way out of his predicament, but fails to do so. Hegio sends him to the stone-quarries.

Meter:
533, 536-540. Iambic octonarius.
Note: In line 533, *-as* is short by *b.b.* In line 536, *in-* is short by *b.b.; s* in *rebus* does not close the syllable.
534. Trochaic septenarius. *-im* is short by *b.b.;* there is hiatus after *occidi.*
535. Trochaic octonarius.
541-658. Trochaic septenarius.
Note: In line 541, *is-* is short by *b.b.*

533 **Quo:** "where?"
proripuisse ... se: Tyndarus has retreated to the farthest part of the stage.
foras: See on 172.
dicam: "am I to say"; deliberative subjunctive.
534 **occidi** < *occido,* "die, perish, be ruined."
536 **sita:** "situated, placed."
537 **priu' ... quam:** "before."
perderent: for *perdidissent,* "had destroyed"; subjunctive in an unfulfilled wish.
periisti < *pereo,* "perish, be lost."
538 **parata:** "ordered, set in order."
inparatam: "disordered."
539 **occisa** < *occido,* "kill, ruin."
atrocem: "terrible."

Plautus, *Captivi* 41

540 **em ... hominem:** See on 373.
541 **quid istuc est quod ... dicam:** "what is it that I am to say?" i.e., "what am I to make of the fact that?" introduces two indirect statements, *te ... fugitare* ("avoid") and *(te) aspernari* ("turn away from") in 542.
544 **usque a puero:** "right from a boy," i.e., "from boyhood."
546 **qui ... appelles:** relative causal clause ("since you call").
547 **habitus est:** "was regarded, was considered."
548 **ne ... immittas:** "in case you should send into"; a negative purpose clause.
istic: See on 421.
550 **illic:** See on 11.
isti: dative, referring to Aristophantes.
qui sputatur morbus: "disease which spits," i.e., "foams at the mouth." Epilepsy is meant.
551 **ultro istum:** "away with him," i.e., "keep him away."
ain = *aisne*. "do you really mean? really?"
uerbero: "rascal, scoundrel"; vocative.
553 **ut qui:** See on 243.
insputarier [= *insputari*]: "to be spit upon." The superstitious believed this to be a cure for epilepsy.
555 **quibus ... saluti:** double dative (reference and purpose).
is = *iis, eis;* dative with *profuit*.
556 **quid tu:** See on 270.
quid: "(about) what? (as to) what?"
557 **hunc:** Aristophantes. The pronoun as object of *uiden* (= *uidesne*) is emphatic; it supplies the subject for *intuitur*.
intuitur < *intuor*, an early form of *intueor*, "watch."
concedi optumumst: "it is best (for us) to withdraw," literally "it is best for it to be withdrawn"; impersonal passive.
559 **credidi:** sc. *eum*. The subject accusative in indirect statement is frequently omitted in early Latin. Compare on 402.
560 **quin:** "indeed."
qui: See on 248.
561 **aibat** = *aiebat*. Compare *seruibas* at 247.
hau uidi magis: "not at all have I seen (anyone) more (like a friend)"; ironic.
562 **Alcumeus, Orestes, Lycurgus:** famous madmen of legend. Alcumeus and Orestes both killed their mothers; Lycurgus was driven mad by Dionysus. Tyndarus says that he is as likely to be a *sodalis* to such men as to Aristophantes.
postea: "besides."
563 **una opera ... qua:** "in the same manner ... as," i.e., "just as much ... as."
furcifer: "yoke-bearer, rascal"; vocative. A *furca* was an instrument of punishment in the form of a fork, which was placed on the culprit's neck, while his hands were fastened to the two ends.
564 **male loqui:** "to speak evil of, malign," + dative.

566 **ignoras:** See on 50.
567 **qui ... est:** subordinate clause in indirect statement. The indicative, rather than the subjunctive, is employed because the speaker is emphasizing a fact (*AG* 583a).
568 **repertu's ... qui superes:** "you have been found to outstrip or surpass"; relative clause of characteristic.
ueriuerbio: "in veracity, in telling the truth."
569 **uanitudine:** "by empty or lying talk."
570 **conuincas:** "refute."
agedum = *age* + the intensive suffix *-dum;* see on 179.
571 **inquam:** The first syllable is short here, and again at 572.
574 **quem patrem:** "what (do you mean) father?"
qui seruos est: sc. *cuius* as antecedent. Under Roman law a slave had no legal father.
575 **fore:** sc. *liberum*. Here and in the following verses Tyndarus is trying to inform Aristophantes of the true situation without arousing the suspicion of Hegio.
576 **reconciliasso:** future perfect; see on 168.
577 **gnatum:** sc. *esse*.
579 **ut:** "how."
<te> ludos facit: "makes sport of you, mocks you."
581 **qui [=** *quo*] **uiuas:** "(anything) by which you may live, a means of living"; relative clause of purpose.
582 **tui:** For the case, see on 116.
583 **miserorum:** "the wretched" (because of poverty); genitive of characteristic.
bonis: "men of property, the haves"; dative with *inuideant* ("envy").
584 **sis** = *si uis*.
ne ... insistas credere: "that you do not set about believing"; *insistas* is present subjunctive in an indirect command.
585 **atque:** See on 355.
aliquid pugnae [e]dedit: "has brought about something of a fight," i.e., "has played a trick (on you)."
586 **quod:** "the fact that."
redimere: The present infinitive is used for the future; compare on 194.
ne utiquam: "by no means."
587 Tyndarus suggests that Aristophantes is displeased that Hegio's son will be ransomed.
ecficiam = *efficiam*.
588 **hic:** The reference is to Hegio, the subject of *restituet* understood.
589 **ad patrem ... Tyndarum:** Tyndarus continues to try to inform Aristophantes of the true situation.
591 **pergin** = **pergisne** [< *pergo*, "continue to.. ."]; with infinitive.
592 **enim:** See on 22.
contineri: "to be checked," i.e., "to control (myself)."
ait: For the mood, compare *agitis* at 207.
quin [= *qui ne*]: "why not?" *quin fugis* is equivalent to an imperative.

593 **iam:** See on 251.
insectabit < *insecto*, "pursue."
illunc = *illum* + *ce*.
iubes: For the tense see *datis* on 6.
594 **fit opus:** "the business is happening, the fit is starting."
595 **maculari ... maculis:** "spotted with spots"; figura etymologica.
596 **atra bilis:** "black bile," i.e., "madness."
597 **apud:** "in (at) the hands of." For the scansion, see on 312.
tuo capiti inluceat: "would give light to your head," i.e., "would burn you alive." A form of punishment for a slave was to smear his head with tar and set him on fire.
598 **deliramenta:** "absurdities, a pack of nonsense."
laruae: "ghosts" (of evil-doers who were believed to inflict one with madness); trisyllabic in Plautus.
599 **quid si:** "what if?" introduces a future less vivid condition; the apodosis (*sapias magis*) is taken up by Tyndarus.
600 **mastigiae:** "scoundrel"; dative.
601 **concinnat:** "makes, causes to be"; subjunctive in a relative causal clause.
602 **quaeritare:** sc. *eum* as subject in indirect statement.
te ... uolo: "I want (to speak with) you." This is a common expression in colloquial Latin.
604 **adbites:** See on 380.
604f **os denasabit tibi mordicus:** "will bite your nose off"; *denasabit* (< *denaso*, "deprive of a nose, de-nose") is probably a Plautine coinage.
mordicus: "by biting, with the teeth."
605 **neque ... creduis** [Early Latin for *credas*]: "and don't believe."
607 **metuis:** Early Latin for *metuas*.
608 **dum:** See on 32.
609 **uinciatur:** jussive subjunctive.
610 **reperiare** = *reperiaris;* present passive subjunctive.
611 **apsis** = *absis;* i.e., if Hegio were not present, Tyndarus might try to enlist Aristophantes in the plot.
612 **quid ais:** Compare on 551.
nugas: accusative of exclamation.
614 **quoi:** "(something) to which."
compareat: "is visible, distinguishable."
615 **ornamenta:** "costume, dress."
Aiacem: "Ajax," the Greek hero who went mad after losing the contest for the arms of Achilles to Ulysses.
616 **nihili facio:** "I consider it of no importance, I don't care." *nihili* is genitive of indefinite value.
617 **inter sacrum saxumque:** "between the altar and the flint (knife)"; Tyndarus means that he is a victim ready for sacrifice.
quid faciam: indirect deliberative question.
618 **do ... operam:** See on 6.
quod me: double accusative with *uelis*.

619 **audibis:** an early form of *audies* (< *audio*).
opinare: For the form, see on 610, but *opinor* is deponent.
620 **expurigare:** an early form of (*ex*)*purgare*, "vindicate, clear from censure."
622 **faxit:** See on 172.
625f **nullam caussam dico quin ... siet:** "I have no objection to there being"; for the construction, compare 353-354.
626 **deliquio:** "lack"; nominative.
628 **nugas agit:** "plays the fool."
629 **qui [=** *quo***] tu scis:** "how do you know?"
631 **maior:** "older, grown up."
em rusum [= *rursum***] tibi:** "so again to you," i.e., "so there."
636 **quin quiescis:** "won't you be quiet?"; i.e., "be still." See on 592.
dierectum: uttered in frustration to his heart; vocative. The etymology is doubtful, but perhaps the meaning here is "crucified" or "hanged."
637 **sussultas** = *subsultas,* "leap up and down, spring up."
prae: "because of, by reason of."
638 **satin [=** *satisne***] ... exquisitum est:** "has it been sufficiently searched out by me?" i.e., "am I accurately informed?"
640 **is:** Philocrates.
ubi ... uolt [sc. *esse*]: i.e., in Elis.
641 **deruncinatus, deartuatus:** "cheated, dismembered."
642 **techinis** < *techina* [= *techna*], "cunning, device."
643 **uide sis:** "consider, if you please" (whether or not you have made a mistake).
644 **certon [=** *certo* + *ne*]: "really?" *certo* is colloquial for *certe.*
magis hoc certo certius = *hoc certius;* emphatic. *hoc* is ablative of comparison.
646 **qua faciest** = *qua facie est:* "of what appearance is ... ?" *qua facie* is ablative of description. Here follows a description of the actor's appearance in his make-up and wig.
648 **conuenit:** "it matches"; Hegio recognizes the description.
649 **ut ... in medium ... pessume processerim:** "so that I have come forth into public view most inauspiciously"; substantive clause of result. Tyndarus refers to the Roman superstition that good or bad luck accompanies one's departure from the house.
650 **uae:** "woe"; with the dative.
morientur: "will perish," i.e., "will be destroyed" or "broken." In this comic inversion Tyndarus pities the instruments of his punishment rather than himself.
651 **uerba ... data esse** < *uerba do,* "cheat"; with the dative.
cessatis < *cesso,* "delay, be slow" (about doing something).
653 **illi ... scelesti capti:** nominative.
655 **nuculeum amisi, reliqui ... putamina:** "I have lost the kernel and kept the shells." *nuculeus* ("little nut, kernel") = *nucleus. reliqui* here has the sense, "I have left remaining."
pigneri: See on 433.

656 **susum uorsum:** either "upturned" (with *os*) or adverbial ("upwards").
os subleuere [< *sublino*]: "have smeared the face"; i.e., "have tricked."
This refers to the practice of painting the face of a sleeping person as a practical joke.
offuciis < *offucia*, "paint, dye."
657 **Colaphe, Cordalio, Corax:** vocatives; the slaves' names (*colaphus*, "box on the ear," *cordalius*, "club," *corax*, "hooked engine of war") attest to their duties.
658 **lora:** "thongs of leather" (for binding anything), "whips."
lignatum: "to bring wood"; supine of purpose.

ACT III, SCENE v
Hegio sends Tyndarus to the stone-quarries.

Meter: Iambic senarius.

659 **manicas:** "manacles, fetters"; refers to the *lora* in 658. This verse is defective and will not scan.
660 **quid hoc est negoti:** "what is this of a business?" i.e., "what is the meaning of this?" *negoti* is partitive genitive.
661 **sartor** = *sarritor*, "hoer, cultivator"; syncope. *Sator, sartor, messor* are easily reproduced in English as "sower, hoer, reaper"; homoioteleuton.
662 **occatorem:** "harrower," i.e., one who breaks up or evens off plowed ground with a harrow.
audebas: "were wishing"; see on 238.
664 **at\<tat\>:** "oh!" an exclamation of wonder with *ut* ("how"). *tat* has been added by modern editors to fix the meter.
666 **potissumum:** See on 386.
668 **has:** sc. *manus*.
uel: here, "if you will, even" (*uel* is in fact an old imperative form < *uolo*).
669 **quamobrem:** usually seen as three words *quam ob rem*, "on account of what reason? why?"
670 **quod ... fuit:** "as far as was in your power alone"; *quod* has the sense of *quoad*.
671 **tuis scelestis, falsidicis fallaciis:** the force of the homoioteleuta with the repetitive sibilant *s* adequately conveys the tone of Hegio.
672 **delacerauisti:** "you have torn to pieces."
deartuauisti: See on 641.
679 **aps** = *abs* (*ab*).
680 **id:** "because of that"; cognate accusative (*AG* 390C).
681 **cum cruciatu maxumo ... tuo:** "at your greatest misfortune," i.e., "at the greatest cost to you"; ablative of manner.
682 **parui:** "of little worth"; with *existumo*, genitive of indefinite value.
683 **ast:** "and if."
684 **at:** "at least."

685 <me>: added by editors (to correct meter) as subject of *fecisse* (686); indirect statement.
687 **me:** subject of *praeoptauisse* (688).
688 **ponere** = *proponere*, "to expose"; with *periculo*.
689 **Accherunti:** "in Acheron, in the Lower World"; locative.
clueas < *clueo*, "be spoken of, esteemed."
690 **periit ... interit:** "has died ... dies (or has died)"; essentially synonymous.
691 **exemplis ... pessumis:** "worst methods."
692 **sutelas:** "tricks, cunning devices."
misero < *mitto*.
694 **nihil interdico aiant:** "not at all do I forbid that they say, I don't prohibit them from saying."
697 **pro:** "oh!"; interjection.
700 **aeque melius quoi uelim:** "for whom I wish equally better," i.e., "for whom I have better wishes."
701 **dedisse operam malam:** "have done a disservice."
703 **uotuin** = *uetuine*: "didn't I forbid?"
704 **qur** = *cur*.
705 **obessent** [< *obsum*]: "would injure"; apodosis of a contrary-to-fact condition. The protasis ("if I had spoken the truth") is implied.
708 **custodem:** "protector, guardian"; in apposition with *me*.
eru' maior meus: Theodoromedes, the father of Philocrates.
709 **factum:** sc. *esse*.
710 **sorsum** = *seorsum*, "otherwise, differently."
711f **quis ... tuo' seruos:** "any slave of yours."
712 **faxit:** here for *fecisset* in a mixed contrary-to-fact condition.
713 **emitteres ... manu:** See on 408.
715 **opinor:** "I suppose (so)."
718 **recens:** here the adverb, "lately, recently."
nuperum, nouicium: "fresh, new," with the sense "a newly bought slave." *me* is understood.
719 **te:** subject accusative of *perdocere*.
720 **quicum** = *quocum*.
una: See on 479.
721 **ducite:** addressed to the slaves summoned in 657.
723 **porro:** "afterwards."
latomias lapidarias: "stony prison," i.e., "stone-quarries."
724 **octonos:** "eight at a time"; probably "eight in one day."
725 **cotidiano:** here, = *cotidie*.
sesqueopus = *seque* (= *sesqui*) + *opus*, "one half more work," i.e., twelve stones in one day.
726 **Sescentoplago:** "a man of six hundred stripes." Tyndarus will receive a whipping; a Plautine coinage. For the case, see on 69.
728 **perduis** < *perdo*, here "destroy"; for the form, compare *creduis* (605). *Perdo* means "lose" as well as "destroy." Punning on this double meaning follows.

curabitur: "he will be looked after," i.e., by being chained. Hegio concentrates on the meaning "lose" and sarcastically answers that he does not intend to lose sight of Tyndarus.
729 **neruo:** "fetter, thong," here, "prison."
custodibitur: an early form of *custodietur;* compare on 619.
730 **interdius:** an early form of *interdiu,* "during the day."
732 **certum ... istuc:** See on 215.
moriri [< *morior*]= *mori*. The categories of third-and-fourth conjugation verbs were fluid in Plautus. Compare on 619, 729 and below at 785.
736 **lapicidinas:** "stone-quarries."
facite deductus siet: The perfect tense is more forceful than the present which we might expect here.
738 **ne qui:** "that not in any way."
quoi pessume est: "to whom there is the worst," i.e., "who fares worst."
740 **tuo stat periculo:** "stands at (the price of) your danger"; ablative of price. Tyndarus' death will come at personal risk to Hegio through the revenge of Philocrates.
743 **perferundi** = *perferendi* < *perfero,* "endure, suffer."
minitas: "you threaten"; with the dative. This active form of the deponent *minitor* is pre-classical.
744 **salue:** "may it go well with you."
aliter ut: "otherwise than."
745 **ut ... uale:** "fare thus as you have deserved."
749 **periistis:** "you have perished," i.e., "you are dead men"; spoken to the slave overseers, who delay carrying out Hegio's orders.
750 **uis:** "violence."
751 **recta:** sc. *uia;* "directly."
phylacam: "prison."
752 **documentum dabo:** "I will give an example," i.e., "I will make an example (of him)."
753 **facinus** = *factum,* "deed."
754 **quod apsque hoc esset:** "but if it were not for this one (Aristophantes)." *apsque* followed by a pronoun and an imperfect subjunctive < *sum* is employed by Plautus to introduce conditions contrary to fact; consequently *quod* here has the same force that it has in *quodsi* (*AG* 517F).
fecit palam: "made public," i.e., "revealed."
755 **usque:** "thoroughly, completely."
offrenatum: "bridled," i.e., "with a bit in my mouth, by the nose."
756 **certum est:** sc. *mihi.*
quicquam: "(in) anything"; adverbial accusative.
760 **surpuit:** See on 8.
762 **maior:** i.e., "my older boy," referring to Philopolemus.
quod ... scelus: "what misfortune is this?"

763 **quasi ... produxerim:** "as [it would be] if I should have sired children for childlessness," i.e., "as if I had sired children only to be left childless"; compare on 181.
764 **sequere hac:** spoken to Aristophantes.
neminis = *nullius*, "no one"; genitive with *miserere* (< *misereo*) in 765.
766 **exauspicaui ex uinclis:** "I emerged with good auspices from my chains," i.e., "I considered it a good omen that I was without chains."
767 **redauspicandum esse:** "it must be omened back"; passive periphrastic infinitive in indirect statement. This and *exauspicaui* are comic coinages.

ACT IV, SCENE i
Hegio and Aristophantes go inside the house. Enter Ergasilus from the harbor, where he has seen Philocrates and Hegio's son Philopolemus. Ergasilus is eager to be the first to tell Hegio the good news.

Meter: Cantica in iambs and trochees.
768-769, 775. Trochaic septenarius.
770-771, 773-774, 776-780. Iambic octonarius.
Note: In line 778, *eo-* is treated as one syllable by synizesis. In line 780, *me* is short by prosodic hiatus. *-um* in *nuntium* is in hiatus and scanned as long before the diaeresis.
772. Trochaic. As it stands, this line scans as a trochaic quaternarius + - - | - ᵕ -, but the line may be defective. See *apparatus criticus*.

769 **opimitates:** "abundances."
opiparas: "sumptuous."
770 **festiuitatem:** "merriment."
771 **penum, potationes, saturitatem:** "store of food, drinking-bouts, satiety."
772 **quoiquam:** an early form of *cuiquam*.
supplicare: i.e., "to humble (myself)."
773 **uel ... uel** = *aut ... aut*.
775 **sine sacris hereditatem:** "inheritance without sacred duties," i.e., "a great profit without trouble." Maintaining the sacred family rites involved great expense.
sum aptus: < *apiscor*, "gain."
ecfertissumam: See on 466.
779 **coniciam in collum:** "I shall throw around my neck," in order to run faster. A running slave with his cloak bunched around his neck for increased mobility was a stock character in Roman comedy.
780 **aeternum:** "throughout my life."
adepturum < *adipiscor*; see on 775.

Plautus, *Captivi* 49

ACT IV, SCENE ii
Enter Hegio from his house, utterly depressed that he has been duped by the captives and that his plans to ransom his son have been placed in jeopardy. He meets Ergasilus, who is puffed up by his good news.

Meter: Cantica.
781-783. Bacchiac tetrameter.
    -   - -| ⌣   -   - | ⌣ -   ⌣ ⌣ | ⌣ - -
    Quant(o) in pector(e) hanc rem meo magi' uoluto (781)
784. Iambic quaternarius catalectic.
785-790. Bacchiac tetrameter.
Note: In line 787, *-us* is short because *s* does not close the syllable. *da-* is short by nature. In line 788, the third metron is curtailed: ⌣ - , *procul* (Raven, 113.b.). Line 790 is contracted: ⌣ - - | ⌣ - || - ⌣ ⌣ | ⌣ - -.
791-832. Trochaic septenarius.
833-834. Iambic octonarius.
Note: In line 834, *tibi* is scanned ⌣ -; *-it* is short by *b.b.*
835. Cretic tetrameter. See on 204-205.
836. Cretic pentameter. The fourth metron is curtailed, and the verse ends - ⌣ - ⌣ - (*tempor(e) aduenis*).
837. Iambic septenarius.
838-900. Trochaic septenarius.

781f **quanto ... magi' ... tanto ... auctior:** "by how much the more ... by so much more increased," i.e., "the more ... the more."
783 **ad illum modum:** "in that manner."
    sublitum os esse: See on 656; infinitive of exclamation ("to think that ... !").
784 **quiui** < *queo*, "be able."
787 **uerba data sunt:** See on 651.
789 **conlecto** [< *colligo*] ... **pallio:** "with his cloak gathered up."
    quidnam: See on 210, 211.
790 **moue aps te moram:** "remove delay from yourself," i.e., "make haste."
    age hanc rem: "do this thing, get on with it"; compare on 444.
791 **eminor:** "threaten"; deponent.
    interminor: "forbid with threats"; deponent.
    mi opstiterit [< *obsisto*] **obuiam:** "plant (himself) in my way"; indirect command. The perfect subjunctive is used for emphasis. We would expect the present.
793 **ore sistet:** "will be placed on his face, will be laid flat"; a pun with *opstiterit*, which would have been pronounced "*os stiterit.*"
    pugilatum < *pugilatus, -us*, "boxing, pugilism." Hegio's comments are spoken as an aside until the end of 833.
794 **proinde:** See on 63.
    ut ... insistant ["pursue"]: jussive; see on 115.

Plautus, Captivi

796 **ballista:** "sling-shot"; here, the missile, i.e., "stone."
pugnum = *pugnus*, "fist."
cubitus: "forearm."
catapulta: "engine of war for throwing arrows, catapult"; here, the missile itself, i.e., "arrow."
797 **aries:** "battering-ram."
ad quemq' [= *quemcumque*]: "against whomever."
798 **dentilegos:** "tooth-gatherers" (after the teeth have been knocked out).
offendero: "come upon, meet."
799 **eminatio:** "threat, warning."
nam: intensifies *quae;* compare *quidnam* at 210, 211.
800 **mei:** genitive of *ego*.
801 **opstiterit:** future perfect; *faxo* is parenthetical.
803 **prius edico:** "first I declare," i.e., I give you fair warning. Ergasilus sees himself as a magistrate issuing edicts.
805 **mira ... sunt ni** [= *nisi*]: "things are strange if he has not, it is a wonder if he has not."
sumpsit confidentiam: "taken (consumed) boldness." This is the first encounter that Hegio has had with Ergasilus since the parasite went in search of a dinner more appetizing than Hegio's vegetables (compare 184-190).
806 **uae:** See on 650.
807 **tum:** "then"; picks up *prius* in 803.
pistores scrofipasci: "millers who keep or breed sows"; thus, "sow-breeding millers." *pistores* has been attracted into the case of *qui*.
furfuribus < *furfur*, "husks, bran."
809 **eorum ... quoiiusquam:** "of any one of them."
scrofam: "breeding sow."
810 **ex ... furfures:** "I'll beat the stuffing out of their very owners with my fists." *pugnis exculcabare*, "to tread on with fists," is a mixed metaphor employed for comical effect.
811 **edictiones:** "orders, edicts"; compare *edico* at 803.
814 **crucianti cantherio:** "torturing gelding." This alliterative phrase is in apposition with *quadrupedanti*. The gelding tortures its rider with a bumpy ride.
815 **quorum:** The reference is to the fish.
odos: an early form of *odor;* compare *labos* at 196.
subbasilicanos: "loungers in the basilicas." A basilica was a rectangular roofed building or porch open at the sides, which served as a meeting place for social and business gatherings.
816 **eis:** refers to *piscatores* (813); dative of disadvantage.
surpiculis = *scirpiculis:* "baskets made of rushes." *surpiculis piscariis:* "baskets containing (malodorous) fish."
817 **quam exhibeant molestiam:** "how they cause trouble," i.e., "how much they annoy."
818 **lanii:** "butchers."
concinnant: See on 601.

Plautus, *Captivi* 51

       orbas: "bereft, deprived"; with the ablative.
819 locant caedundos [= *caedendos*] agnos: "contract for lambs (fit) to be slaughtered," i.e., "agree to slaughter lambs that are young and tender."
       dupla: sc. *pecunia*, "at double the price"; ablative.
       danunt: an early form of *dant*, "give, provide."
820 Petroni: "Petro," a name of dubious etymology, perhaps meaning "with flesh hard as a rock" or "a young breeding ram."
       uerueci [< *ueruex*] sectario: "wether followed by the flock, bellwether."
823 eugepae: See on 274.
       aedilicias: "befitting an aedile." An aedile was a Roman magistrate whose duties included supervising the marketplace, provisions, taverns and the legality of weight and measures.
824 adeost: emphasizes *mirum*.
       agoranomum: "clerk of the market." This Greek magistrate corresponded to the Roman aedile.
826 commeatus: "provisions, supplies."
       cibus: in apposition with *commeatus*.
827 cesso: See on 651.
828 qui [= *quo*]: probably ablative of comparison (see Lindsay 305).
       <homo>: added to complete the meter.
       adaeque: "in like manner as, so."
       uiuit: a colloquialism; *est* would be sufficient.
830 ecquis: "anyone"; interrogative.
       aperit: present for the future.
831 ambas fores: "both doors," i.e., "the two leaves of the door."
832 pultando = *pulsando*, "by (means of) knocking."
       assulatim: "in shivers, in splinters."
833 perlubet: "it is very pleasing," i.e., "I should very much like."
       conloqui < *colloquor*, "speak to," here with the accusative.
       qui = *quis*.
834 respice: Without an accusative, *respice* means "regard favorably"; when accompanied by *ad* + accusative, the meaning is "look back." Plautus puns on the double meaning.
       quod: The reference is to *respice*.
       me iubes: sc. *facere*.
836 quantum est hominum optumorum: "(out of) all the best men that exist." *hominum optumorum* is partitive genitive.
       optume: vocative.
837 nescioquem: "I do not know whom," i.e., "somebody or other"; object of *nactus es*.
       eo: "(it is) for this reason."
       fastidis < *fastidio*, "be scornful, be haughty."
838 cedo: "give, bring here"; an old imperative.
839 age ... modo: "come on now."
840 anteuortunt: "come or go before, precede."
841 maculas: "traces."

843 **bene facis:** here, as often, "thanks."
844 **uolturi:** "glutton"; vocative.
845 **tuan** [= *tua* + *ne*]: with *caussa*, "for your sake."
censes < *censeo*, "be of an opinion."
846 **astitui:** "to be placed" (near the fire).
aulas: See on 89.
847 **laridum** [= *lardum*] **atque epulas:** "bacon and sumptuous dishes."
848 **alium:** object of *iuben* (846) and again in 849.
praestinatum: "to buy"; supine (of purpose) < *praestino*.
849 **pullos gallinaceos:** "young poultry, domestic chicks."
850 **bene esse:** "to be well off," i.e., to have a good time."
si sit unde: "if there should be (a source) whence," i.e., "if you have the means."
pern<ul>am: "ham."
opthalmiam: "lamprey," a type of fish.
851 **horaeum:** "seasonable," applied to fish salted in season; here as substantive, "something seasonable (like).. .."
scombrum et trygonum et cetum: "mackerel, sting ray, tunny."
mollem caseum: "soft cheese."
852 **nominandi istorum:** "of naming of those things"; gerund + objective genitive.
854 **ne frustra sis:** "do not be mistaken, make no mistake about it."
855 **tui cottidiani uicti:** "of your everyday food"; with *uentrem* the sense is "an appetite for simple food." *uicti* < *uictus* shares forms of the second and fourth declensions.
856 **facere sumptum:** "to incur expense."
uotem: See on 703.
857 **tune:** The enclitic -*ne* is added to mimic Hegio's *egone*.
858 **malim:** sc. *me facias fortunatum*.
859 **em:** "indeed"; with *manum* the sense is "oh, the hand again!"
860 **in senticeto:** "in a thicket of briars," i.e., "in trouble."
eo non sentis: "accordingly (and that's why) you don't understand." Note the pun on *sentio* and *senticeto*.
861 **uasa ... pura:** "undefiled vessels."
ad rem diuinam: "for a divine service," to celebrate the return of his son.
862 **proprium:** "fitting," i.e., "unblemished," here a technical religious term. The sacrificial animal, as an offering to the gods, had to be perfectly formed and unblemished.
866 **essurire ... uidere** [= *uideris*]: "you seem to desire food." Ergasilus pretends that Hegio means "you seem to desire food for me" and answers "I desire food for myself, not for you." *essurire* < *essurio*, "desire to eat, suffer hunger."
867 **tuo arbitratu:** Compare on 495.
facile patior: "I willingly allow (it)," with the sense "whatever you say."

Plautus, *Captivi* 53

consuetu's [< *consuesco*] puer: Ergasilus interprets *patior* in the insulting sense "submit to sexual intercourse," and answers "you were accustomed (to act so) as a boy."
868 te hercle: Ergasilus starts to return the curse ("May Jupiter and the gods destroy you, by Hercules"), but apparently thinks better of it and shifts the direction of his thought ("It is right for *you*, by Hercules, to give thanks to me").
870 tu ... places: Ergasilus is referring to Hegio's dinner, which is sure to please after he hears the news concerning his son.
sero post tempus: "too late after the time."
871 igitur: here "then, at that time."
magi' tu ... diceres: "you would say more," i.e., "you would have better reason to say it." If Ergasilus had arrived at Hegio's house earlier, he would not have seen Philopolemus at the harbor.
874 publica celoce [< *celox*]: "packet-boat, swift-sailing boat."
874f illum adulescentulum Aleum: Philocrates.
875 Stalagmum < *Stalagmus;* accusative.
877 abi in malam rem: "go to Hell."
sancta Saturitas: "holy Abundance," the logical deity of a parasite.
879 genium: "guardian angel."
880 μὰ τὸν Ἀπόλλω: "yes, by Apollo."
881 ναὶ τὰν Κόραν: "yes, by Kore (Proserpina)," a pun on the name of the goddess and of a town in Latium (Cora).
882 iam diu: "a long time ago"; with either *surrupuit* or *uenit*.
ναὶ τὰν Πραινέστην: "yes, by Praeneste."
ναὶ τὰν Σιγνέαν: "yes, by Signea."
883 ναὶ τὰν Φρουσινῶνα: "yes, by Frusino."
uide sis: See on 643.
ναὶ τὸν Ἀλάτριον: "yes, by Alatrium."
884 barbaricas urbis: See on 492.
885 aetati: "life."
886 quippe quando: "since indeed."
887 abit: present for perfect.
888 Boius: "a Boian." The Boii were a people of Gaul recently defeated by the Romans.
boiam terit: "he wears out a *boia*," with a pun on the two senses of *boia:* both the iron collar of a slave and the feminine of *Boius*, i.e., woman of the Boii. In the latter case, the phrase is obscene (*terere* is used in such contexts elsewhere).
890 bonan = *bona* + *ne;* ablative with *fide*.
891 gnatus: sc. *esse*, "to have been born."
893 postremo: "finally," with the sense, "let's end it once and for all."
iuri iurando < *ius iurandum* (sometimes written as *iusiurandum*), "oath."
894 cura: imperative.

895 cellarium: "one who keeps provisions," i.e., the steward or butler. Hegio is willing to believe Ergasilus to the extent of allowing him access to the kitchen.
896 mantiscinatus < *mantiscinor*, "predict, prophesy"; comically formed in imitation of *uaticinor* ("prophesy").
897 dapinabo < *dapino*, "serve up."
898 unde id: "whence that?" i.e., "from what source will I get my meals?"
sponden: "are you pledging?"; the language of a contract, with a pun on *respondeo* ("answer, pledge in return") in 899.
900 quam optume potes: "as best you can."
bene ... redambula: See on 452.

ACT IV, SCENE iii
Ergasilus anticipates a sumptuous dinner.

Meter: 901-908. Trochaic septenarius.

901 rem summam ... cibariam: "entire control of the storeroom."
902 ut: "how."
praetruncabo: "I will cut off."
tegoribus [= *tergoribus*] < *tergus*, "back, skin, hide."
903 pernis [< *perna*]: "hams"; dative.
904 sumini < *sumen*, "sow's udder," a great delicacy among the Romans.
apsumedo: "consumption, squandering."
callo: "rind (of an animal)."
905 lassitudo: The butchers' fatigue will result from slaughtering large numbers of animals for Ergasilus' dinner.
porcinariis: "to the porksellers."
906 conducunt: See on 386.
morast: "there is a delay," i.e., "it would take too long."
907 pro praefectura mea: "by virtue of my prefecture (of food)." Prefecture refers to the Roman office of superintendent or overseer, who served as governor of a town or province.
ius dicam: "pronounce the law, pass judgment."
908 pendent: "hang," i.e., "await decision."
indemnatae: "uncondemned, unsentenced."

ACT IV, SCENE iv
The effects of Ergasilus' gastronomic rampage are felt throughout the house of Hegio.

Meter: 909-921. Iambic Octonarius.

909 Diespiter: Jupiter.
910 qui: sc. *illum* or *aliquem* as antecedent.
911 intemperies: "intemperate behavior, outrageous conduct"; in apposition with *clades calamitasque*.

912 **impetum:** "attack."
912a Words have fallen out of this verse.
913 **male:** "terribly, badly."
914 **totum cum carni carnarium:** "the whole meatrack with its meat," i.e., "meat and all."
915 **praetruncauit ... tegoribus:** See on 902.
glandia: "delicate portions of pork, choice cuts of pork."
916 **calices** [< *calix*]: "drinking vessels."
confregit [< *confringo*]: "broke in pieces."
modiales: "containing a *modius* (Roman peck)."
917 **percontabatur:** "kept on asking (over and over again)."
possentne ... feruescere: "whether it was possible for the storage jars to glow." Ergasilus wants to cook all of the food right in the storage jars.
918 **cellas:** "storerooms."
recclusit: "raided."
armarium: "closet for food, cupboard."
920 **[ad]ornet:** "furnish, provide."
sese uti: "himself to take or consume (food)"; *uolo* is usually constructed with a complementary infinitive, not as here, with accusative/infinitive.
921 **hic:** "here."
ut adornat: "as he is providing (for himself)."
iam ... iam: "now," with *est;* "soon," with *erit*.

ACT V, SCENE i
Hegio arrives from the harbor, accompanied by his son Philopolemus, Philocrates, and Stalagmus. He addresses Philopolemus.

Meter: 922-927. Bacchiac tetrameter.
Notes: In line 926, -*or* is long. See on 530. Line 927: The first metron is contracted: - - (*quomqu(e) haec*).
928-929. Trochaic octonarius.
930-953. Trochaic septenarius.

922 **merito:** See on 415.
923 **quom:** See on 146; anaphora with *quom* in the following verses.
925 **carens ... fui:** "I was lacking"; + ablative. The present participle in periphrastic combination with *sum* is characteristic of early Latin.
926 **hunc:** Stalagmus.
927 **haec ... fides:** "this promise," i.e., "the promise of this one (Philocrates)."
928 **sati':** Philopolemus is impatient with his long-winded father.
iam: "already," with the perfect.
929 **memorasti** = *memorauisti;* syncope.
933 **proinde ut:** See on 307.
934 **eam potestatem:** "this power," i.e., "the power of this thing."

Plautus, Captivi

935 **bene merenti:** "to one deserving well"; with *nostro*, "to this deserving friend of ours."
muneres [< *munero*]: "you may render."
936 **huic:** Stalagmus.
937 **qua negem:** "by which I would deny"; relative clause of characteristic.
940 **pro bene factis eius:** "for his good deeds."
941 **id quod postulas:** loosely in apposition with *referetur gratia*.
quod: relative pronoun; sc. *ei* as antecedent.
942 **orabis:** "you will ask."
943 **ei feci male:** "I have acted badly to him, I have injured him."
944 **lapicidinas:** See on 736.
compeditum [< *compedio*]: "shackled, fettered."
946 **labores:** subject accusative of *euenisse* (infinitive of exclamation), "to think that.. .."
947 **libellam ... argenti:** "a cent of silver, one red cent."
ne duis: See on 331.
948 **gratiis:** See on 106.
949 **faci' benigne:** "you are acting worthily, thank you."
hominem: Tyndarus; object of *iubeas*.
950 **ubi:** introduces a question addressed to the slaves.
951 **interibi:** an early form of *interim*, "meanwhile, in the meantime."
statua uerberea: "statue worthy of stripes or blows." Stalagmus evidently is standing as still as a statue.
952 **quid sit factum:** "what has been done (with)"; + ablative.

ACT V, SCENE ii
Hegio cross-examines Stalagmus.

Meter: Trochaic septenarius.

954 **mancupium** [= *manicipium*]: "property, slave"; vocative.
955 **talis uir:** "such a (fine) gentleman (as yourself)."
falsum: Stalagmus is referring to Hegio's words *bone uir* in 954.
956 **frugi bonae:** "serving any good use"; here a dative of purpose, but contrast on 269.
958 **ubi loci:** "where of place," i.e., "in what position."
959 **tua ex re:** See on 296.
ex mala meliusculam: "from a bad (situation), a somewhat better (one)."
961 **credin** [= *credisne*]: parenthetical.
pudeat: potential subjunctive attracting the other verbs into the same mood. "Would I be ashamed of what I would admit, do you suppose, when you say (it)?", i.e., since Stalagmus acknowledges his wickedness, Hegio cannot shame him by talking about it.
962 **ruborem ... totum:** "one red blush, red all over" from whipping.
963 **credo:** Compare on 961.

Plautus, *Captivi* 57

       inperito: "inexperienced, unaccustomed"; with *mihi,* "as if I were unaccustomed (to blows)"; for the case see on 743.
964 **istaec:** "these (preliminary remarks) of yours."
       aufer [< *aufero*]: "cease"; imperative.
       quid fers: "what you require, what you demand."
965 **facundu's** [= *facundus es*]: "you are eloquent."
       fieri dictis ... compendium: "a shortcut to be made with words," i.e., "brevity in speech."
966 **bene morigerus:** "very compliant," spoken in an undertone, almost to himself. Within this context there is an obscene allusion; compare on 867.
967 **edissere** < *edissero*, "explain, relate fully"; imperative.
968 **meliusculas:** sc. *res;* see on 959.
969 **siem:** an early form of *sim.*
970 **ea ... pauca:** "these few things," i.e., "a few of these things (punishments)."
       supterfugere: "to escape."
       potis es = *potes.*
977 **genium:** "life."
       exi [< *exeo*]: imperative.

ACT V, SCENE iii
Philocrates, hearing Hegio's summons, comes out of the house.

Meter: Trochaic Septenarius.

978 **quid me:** double accusative with *uis.*
981 Thus Tyndarus and Philocrates are twenty-four years old.
983 **memoradum:** See on 160 and 270.
984 **Paegnium:** "Plaything," a Roman slave-name.
       post: adverb.
986 **quoiius nihili sit faciunda gratia:** "(a man) whose regard is to be considered of no value." Stalagmus means that it is customary for people of Philocrates' station to ignore those such as himself.
988 **huiius** [= *huius*]: Hegio.
991 **hic argumenta loquitur:** "this man presents the evidence."
994 **eo ... quia:** See on 70.
995 **eheu, quom:** "alas, that."
       plus minusque: "more" because he has sent his son to the stone-quarries, and "less" because he has shown him so little consideration.
996 **quod male feci:** "that which I have done badly," i.e., "the injury which I have caused."
       modo si ... possiet [= *possit*]: "if only it were able"; the present for the imperfect in a wish incapable of fulfillment.
997 **eccum:** See on 169.
       haud ... uirtutibus: Tyndarus is heavily chained.
       ex: "according to."

ACT V, SCENE iv
As Tyndarus is brought back from the stone-quarries, he comments to himself on his past experiences.

Meter: Trochaic Septenarius.

998	picta < *pingo*, "represented in painting."
	Accherunti: See on 689.
999	**Accheruns:** here feminine, and modified by *nulla*.
999f	**adaeque ... atque:** "in like manner ... as."
1000	**illic** [= *ille*] **ibi:** "that there."
1002	**illo:** See on 359.
	monerulae = *monedulae*, "daws," a kind of bird resembling the crow.
1003	**anites** = *anates*, "ducks."
	coturnices: "quails."
	quicum = *quibuscum*.
1004	**mihi:** Scan ⏑⏑, followed by hiatus.
	upupa: both "hoo-poe," a bird, and "pick-axe"; hence the pun, "crowbar."
	qui = *qua;* see on 28.
1007	**attat:** See on 664.
1008	**lucis:** here masculine with the gerundive *tuendi*. Hegio has brought Tyndarus from the darkness of the stone-quarry out into the sunlight.
1009	**et tu:** sc. *salue*.
1010	**faxo:** See on 801.
1012	**is:** Philocrates' father.
1014	**illi:** See on 261.
1015	**quid huius filium:** "what (about) the son of this one?" i.e., Philopolemus.
1016-22	Bracketed because they seem to represent an alternate ending of the play. They are omitted in the oldest manuscript, the famous "Ambrosian palimpsest." See *apparatus*.
1016	**captiuom filium:** Philopolemus.
1019	**natu:** Translate with both *grandis* and *grandem* ("of considerable age").
1023f	**in memoriam regredior ... per nebulam:** We would call this a hazy recollection.
1026	**praeuortier:** See on 460.
1028	**peculi** < *peculium*, "private property"; whereas before he had nothing, now he has something, i.e., the chains.
	The entire troop of players (*caterua*) steps forth to deliver the epilogue.
1029	**ad:** "in accordance with."
1030	**subigitationes:** "titillation," such as occurs in other plays. Compare 55-58.
	amatio: "love-making, intrigue."
1031	**pueri suppositio:** "substitution of a child."
	argenti circumductio: "cheating, defrauding of money."

Glossary of Terms

The following terms, which are mentioned in the commentary, are listed here for convenience.

acatalectic: a complete verse, without suppression of the final metrical element.
alliteration: repetition of the same initial sound in two or more words in a series.
anacoluthon: a change of construction in the middle of a sentence that leaves the first part grammatically incomplete.
anaphora: the repetition of the same word in successive clauses.
anastrophe: an inversion of the usual order of words.
archaism, archaic: an early Latin or pre-classical usage.
catalectic: a verse in which the final metrical element has been suppressed.
chiasmus: corresponding pairs of words in reverse order yielding the pattern ABBA.
colloquialism, colloquial: conversational, rather than literary, Latin.
ellipsis: the omission of one word or more necessary to the sense.
figura etymologica: the placement of cognates in close proximity.
hendiadys: "one through two"; the expansion of a single idea through two nouns joined by a conjunction. Often best translated by subordinating one of the nouns.
homoioteleuton: words in a series with like endings.
hyperbole: exaggeration.
hypotaxis: grammatical subordination, the arrangement in a complex sentence of clauses subordinated to a main idea.
hysteron proteron: a word order that reverses the sequence in which the actions are to take place.
irony, ironic: a use of words that convey a double meaning.
litotes: an understatement by which an idea is emphasized by denying its opposite.
metathesis: transposition of letters.
metri causa: for the sake of metrical requirements.
oxymoron: an apparent contradiction obtained by juxtaposing words of opposite meaning.
parataxis: grammatical coordination, in which clauses are arranged in parallel grammatical constructions.
personification: ascribing the characteristics of a person to inanimate things.
pleonasm: the use of unnecessary words.
syncope: cutting off, or shortening a word.
tmesis: "cutting"; the separation of parts of a compound word by intervening words.